Richard Kocher

Zeitgeist oder Geist der Zeit

Richard Kocher

ZEITGEIST ODER GEIST DER ZEIT

meDia
maRia

Die Bibelzitate stammen aus der revidierten Einheitsübersetzung der Heiligen Schrift
© Katholische Bibelanstalt GmbH, Stuttgart 2016.

Die Zitate wurden meist in der ursprünglichen Schreibweise belassen.

Grundlage für die Veröffentlichung dieses Buches sind 16 Ansprachen, welche der Programmdirektor von *radio horeb*, Pfarrer Dr. Richard Kocher, in den Jahren 2021/2022 gehalten hat, sowie seine Dissertation *Herausgeforderter Vorsehungsglaube. Die Lehre von der Vorsehung im Horizont der gegenwärtigen Theologie.* Er entsprach damit dem Wunsch vieler Hörerinnen und Hörer, seine Ausführungen in erweiterter Form schriftlich nachlesen zu können.

ZEITGEIST ODER GEIST DER ZEIT
Richard Kocher
© Media Maria Verlag, Illertissen 2022
Alle Rechte vorbehalten
ISBN 978-3-9479314-4-6
www.media-maria.de

Den Hörern und Förderern von radio horeb
in Dankbarkeit gewidmet

Der Erlös aus dem Verkauf des Buches ist für die Projekte von *Radio Maria* in Afrika und *radio horeb* bestimmt.

Inhalt

Vorwort

Es war an einem schönen, sommerlich warmen Frühlings-
tag im Jahr 1989, als ich mit dem Ordinarius für Dogmatik
an der Katholisch-Theologischen Fakultät der Universität
Augsburg, Professor Dr. Dr. Ziegenaus, in den westlich ge-
legenen Wäldern von Augsburg einen Spaziergang machte;
er hatte mich dazu eingeladen. Nach zwei Kaplansjahren in
der Augsburger Innenstadtpfarrei St. Anton war ich Pfarr-
administrator von Stettenhofen und Langweid geworden.
Erzbischof Dr. Josef Stimpfle hatte mich zur Promotion bei
ihm freigestellt; jetzt ging es um das Thema. Er schlug mir
die schwierige Thematik der göttlichen Vorsehung vor und
begründete dies damit, dass nach dem Krieg keine einzige
wissenschaftliche Arbeit auf diesem Gebiet erschienen sei,
während auf anderen – wie etwa zum Thema der Eucharistie oder des Petrusamts – eine überbordende Fülle von Veröffentlichungen vorliege, die kaum einmal ein Fachmann
überblicken könne, und er ergänzte damals: „Ich möchte,
dass Sie Ihre Kraft für eine systematische Analyse im Horizont gegenwärtiger Theologie aufwenden. Machen Sie keine
Detailstudie wie etwa ‚Die Lehre der Vorsehung bei Kardinal John Henry Newman' oder ‚bei Josef Kentenich'. Arbeiten Sie einen Gesamtüberblick aus. Das ist ein ambitionier-
tes Projekt, denn Sie müssen sich nicht nur auf wesentliche
Strömungen der gegenwärtigen theologischen und philosophischen Denkrichtungen einlassen, sondern auch historisch arbeiten und klären, wie es zum Missbrauch des Be-

griffs der Vorsehung gekommen ist. Der Missbrauch macht eine Sache immer verdächtig und führt dazu, sich nicht mehr mit ihr zu beschäftigen. Durch die missbräuchliche Verwendung des Begriffs der Vorsehung im Dritten Reich wurde die Lehre von der göttlichen Vorsehung zu einer uninteressanten Provinz in der theologischen Forschung. Dies ist der Hauptgrund neben anderen."

Neben der Thematik der göttlichen Allmacht bzw. Vorherbestimmung und der menschlichen Freiheit, dem Welthandeln Gottes vor dem Hintergrund des Evolutionsparadigmas, dem Wunderwirken Gottes und dem Bittgebet, ging es besonders um die spirituelle Bedeutsamkeit des Themas. Wenn wir im Vaterunser beten, dass der Wille Gottes geschehen möge, so muss es Kriterien geben, diesen zu erkennen. Welche sind das? Wie kann man unterscheiden, ob etwas von mir, von Gott oder vom Bösen stammt? Die Lehre von der Vorsehung Gottes, die eine Fortführung und gleichsam Ausdehnung des Schöpfungsglaubens ist, ist derart zentral, dass sie und das Wesen Gottes nahezu deckungsgleich sind. Wie kann ich aber glauben, dass Gott mit seiner liebenden Fürsorge mir nahe ist, wenn ich leiden muss und Unglück in meinem Leben und dem anderer Menschen geschieht? Die berühmte Theodizee-Problematik! Die dämonischen Aufgipfelungen des Bösen im 20. Jahrhundert wirkten wie ein mächtiger Hammerschlag auf das zerbrechliche Gefäß der Vorsehung, sodass nur relativ wenige Theologen sich überhaupt noch mit dieser beschäftigten. Und wenn, dann oft in einem Sinn, dass vom biblischen Gott und dessen Macht kaum noch etwas übrig blieb.

Wenn man auf die Vorsehung Gottes zu sprechen kommt, so erzählen nicht wenige Menschen erstaunliche Fügungen und Führungen in ihrem Leben, die sie auf den Einfluss einer höheren Macht bzw. Gottes zurückführen:

„Da hatte Gott die Hand im Spiel, als dieses Unglück mich nicht getroffen hat" oder: „Durch eine glückliche Fügung habe ich den Partner für mein Leben gefunden". Solche Beispiele sind interessant und für das Glaubensleben stärkend. Meine Aufgabe sollte es sein, diese theologisch auszuwerten, gleichsam ein Destillat des Wirkens Gottes in der Welt und im Leben von Menschen herauszuarbeiten; es ging um Grundprinzipien seines Handelns und damit um eine theologische Auswertung exemplarischer Verdeutlichungen gelebten Vorsehungsglaubens.

Die Weite der Thematik war erschreckend und herausfordernd zugleich. Auf die Frage, wie ich meine Arbeit beginnen sollte, meinte mein Lehrer damals: „Mit Adolf Hitler und dessen Reden!" Dieser hat in seinen Vorträgen ständig von der Vorsehung Gottes gesprochen, die ihn geführt hätte. Es ging um den Missbrauch in seinen Ausführungen. Das habe ich auch getan und dabei viel gelernt, wie ein wichtiger theologischer Begriff umgedeutet und verfälscht werden kann. Satan ist kein zweiter Gott, der diese Welt einkassieren wird, denn er hat keine schöpferische Macht wie dieser. Aber was er tun kann, ist, alles zu pervertieren und zu verdrehen, indem er Gott nachäfft, wie es Hitler getan hat. Bald habe ich aber gemerkt, dass dies nicht ausreicht, denn der Missbrauch des Begriffs der Vorsehung Gottes geht weiter zurück: Bei der theologischen Literatur zum Ersten Weltkrieg bin ich fündig geworden. Die uns von der Geschichte aufgebürdete Last ist zu berücksichtigen und aufzuarbeiten.

Damals wusste ich noch nichts von meiner späteren Aufgabe, ein christliches Radio katholischer Prägung mit Namen *radio horeb* in Balderschwang aufzubauen. Ohne die Erkenntnisse meiner Doktorarbeit hätte ich dies nicht leisten können. Schon im ersten Augenblick, als die Anfrage kam, dies zu übernehmen, war mir klar, dass dies die Aufgabe war, die Gott für mich vorgesehen hatte, und nicht die eines Lehrers an der Hochschule, an der ich mittlerweile in Benediktbeuern neben meiner Tätigkeit als Pfarrer in Bad Heilbrunn (1992–1995) tätig war. Drei Jahre intensiver Beschäftigung mit dieser Thematik – das war die Zeit, die hierfür vorgesehen war – hatten mein Sensorium, mein Wahrnehmungsvermögen für das Handeln Gottes geschärft. Dass Gott einen Plan für mein Leben und speziell für meine Aufgabe bei *radio horeb* hatte, empfand ich als Entlastung. Meine Aufgabe konnte „nur" noch darin bestehen, diesem Raum zu geben und die Werke auszuführen, „die Gott für uns im Voraus bestimmt hat, damit wir mit ihnen unser Leben gestalten" (Eph 2,10).

Meine damaligen Forschungsergebnisse waren prägend für mein ganzes weiteres theologisches Denken, vor allem aber auch sehr ernüchternd bezüglich dessen, was mit der Berufung auf Gottes Vorsehung alles gerechtfertigt wurde, auch in unserer Kirche. Sie halfen mir bei der Unterscheidung der Geister, um die es heute wie selten zuvor geht und für die dieses Buch sensibilisieren will. In einer eigenen Wortprägung hat der Gründer der Schönstattbewegung, P. Josef Kentenich, vom *Zeitgeist* und vom *Geist der Zeit* gesprochen. Wir sind immer wieder in Gefahr, dem Zeitgeist zu folgen, dem, was gerade *in*, aber morgen schon wieder *out* ist. Das entscheidet aber über Gelingen oder Scheitern im Leben. Denn wenn wir am (Heiligen) Geist der Zeit vorbeileben, verfehlen wir den Sinn des Lebens.

Im vorliegenden Buch werde ich in den ersten drei Kapiteln meine Forschungsergebnisse von damals in gekürzter Form wiedergeben, um anschließend die biblischen Grundlagen für den Geist der Zeit zu erörtern. Der Hauptinhalt unseres Glaubens, Tod und Auferstehung unseres Herrn Jesus Christus, waren mit dem Zeitgeist von damals in keinster Weise kompatibel und haben sich trotzdem durchgesetzt. Sie wurden gegen diesen verkündet. Der alternative Lebensstil der Christen wurde auch in der anderen Einstellung zu Familie, Ehe und Sexualität deutlich. Die Erörterung des prophetischen Auftrags der Kirche führt in die Gegenwart und pastorale Praxis, die für fast alle Menschen, die damit befasst sind, äußerst frustrierend ist, weil trotz besten Bemühens kaum mehr ein Erfolg feststellbar ist. Die Menschen laufen der Kirche in Scharen davon. Abschließend wird erörtert, wie eine „pastorale Umkehr" (Papst Franziskus) aussehen könnte, konkretisiert in den Alpha-Kursen. Immer wieder habe ich auch persönliche Erlebnisse und Begegnungen einfließen lassen, weil ich überzeugt bin, dass dies zu einer Verlebendigung beiträgt. Im Übrigen erhebe ich keinen Anspruch auf eine umfassende Bearbeitung des Themas. Jedes Kapitel steht für sich und in einer lockeren Verbindung zu den anderen.

Wir leben in einer Zeit großer geistlicher Verwirrung. Als ich 1995 Pfarrer von Balderschwang wurde und die Möglichkeit bekam, *radio horeb* aufzubauen, habe ich diese Chance ergriffen, weil ich die Bedeutung der Medien erkannte. Sowohl im Radio wie auch in unserer Kirche habe ich viele schwierige Zeiten erlebt. Ich glaube aber behaupten zu können, dass wir noch nie eine solche Verunsicherung bei den Gläubigen erlebt haben wie derzeit. Jeden Tag bekommen wir 50 bis 60 Rückmeldungen durch unsere Zuhörer, die dies belegen. Es bleibt nicht folgenlos, wenn ständig neu bisher Gültiges hinterfragt und mit ebenso großer Regelmäßigkeit von Rom zurückgewiesen wird. Resignation und Frustration breiten sich in bisher nicht gekanntem Ausmaß aus und erfassen auch Personen, die den Glauben praktizieren. Immer wieder taucht die Frage auf, was denn nun noch

Gültigkeit habe. Diese wird oft von theologisch nicht Gebildeten gestellt.

Waren es bei Jesus nicht gerade die einfachen Leute, Ungebildete und Bedeutungslose, Kranke und Sünder sowie Menschen am Rand der Gesellschaft, die offen waren für Jesus und auf das Kommen des Reiches Gottes hofften?[1] Gerade sie schützt der Herr, die keine religiösen Spezialisten sind. Spitzfindigen Argumentationen mit der Heiligen Schrift waren sie nicht gewachsen. Wer solchen Menschen ein Ärgernis bietet, dem führt der Herr ein furchtbares Bild vor Augen: den Mühlstein, mit dem dieser im See Gennesaret versenkt wird. Diese heidnische Art der Hinrichtung war in Israel verboten, weil der Exekutierte nicht begraben werden konnte. Die sachgerechte Übersetzung der Stelle bei Lukas (Lk 17,1f.) müsste in sinngemäßer Umschreibung lauten: Wer solche Menschen zu Fall bringt, ihnen zum Skandal wird, der käme noch gut dabei weg, wenn er mit einem Mühlstein um den Hals ins Meer geworfen würde.

Es würde mich freuen, wenn meine Ausführungen eine Hilfe zur Unterscheidung der Geister sein könnten, denn Fehler der Vergangenheit müssen nicht wiederholt werden. Für die Kirchenväter war diese Gabe des Heiligen Geistes den anderen geradezu übergeordnet, denn wenn kein Unterscheidungsvermögen vorhanden ist, ist auch ein spirituelles Leben im Sinn des Evangeliums nicht möglich. Sie ist somit den anderen Tugenden vorgelagert. Kirche und Theologie machten sich unglaubwürdig, wenn sie nicht auf den Geist Gottes, sondern auf den Zeitgeist gehört haben. Trotz vieler Herausforderungen bin ich zuversichtlich, denn die Beschäftigung mit dem Thema der Vorsehung Gottes hat gezeigt, dass sich seine Wege trotz großer Widrigkeiten letztlich immer durchsetzen.

1.

Als die Generalmobilmachung mit Pfingsten verglichen wurde

Zur Vorsehungsliteratur im Ersten Weltkrieg

Bei der damals eingesehenen Vorsehungsliteratur zum Ersten Weltkrieg und später auch zum Zweiten handelt es sich meist um die im Deutschen Bücherverzeichnis ausgewiesenen Veröffentlichungen, die *während* der Weltkriege zum Thema der Vorsehung geschrieben wurden.[2]

Schon ein erster Überblick über das Schrifttum zur Vorsehung im Ersten Weltkrieg – man hat es ausnahmslos mit Kleinschriften zu tun, die den Umfang von 40 Seiten selten überschreiten – liefert interessante Informationen.[3] Es zeigt sich, dass

1. nahezu alle Schichten und Stände der katholischen Hierarchie, angefangen vom Kaplan über den Professor bis zum Erzbischof, sich zur Vorsehung geäußert haben, die Professoren sich aber besonders stark herausgefordert fühlten (immerhin 4 von 10!),

2. die katholischen Stellungnahmen (8) im Vergleich zu den evangelischen (2) überwiegen,

3. je länger der Krieg gedauert hat, desto weniger zum Thema „Vorsehung" geschrieben wurde (Becks Gespräch über den Weltkrieg und die Vorsehung ist eine Größe eigener Art, darauf muss gesondert eingegangen werden).

Der Einstieg in das Thema ist bei allen fast gleich: Anhand der Schilderung der Not des Krieges für die Soldaten an der Front und der enormen Zerstörungen drängt sich von selbst die Sinnfrage bzw. die Vereinbarkeit mit einer gütigen Vorsehung auf.[4] Freilich werden hier schon Unterschiede deutlich. Mit zunehmender Länge des Krieges wurden die Fragen immer quälender und bohrender gestellt. Jemand, der 1914 oder am Anfang des Jahres 1915 schrieb in der Hoffnung auf einen baldigen Sieg der deutschen Waffen, tat dies anders als jemand, der 1916 schon auf fünf Millionen Kriegstote zurückblicken musste.[5] Die Bereitschaft, den Krieg zu rechtfertigen, verging spürbar. Offensichtlich war man sich an dessen Beginn noch nicht genügend bewusst, es mit einem modernen Waffengang zu tun zu haben mit einem bislang nicht bekannten Potenzial an Zerstörung.

Eine betont nationale, gelegentlich sogar eine nationalistische Einstellung ist bei allen Veröffentlichungen vorzufinden. Wiederholte Male wurde die These des deutschen Kaisers aufgegriffen, wonach dem Deutschen Reich der Krieg aufgedrängt wurde und die Schuld bei den anderen Nationen zu suchen sei. Dederichs: „Unser Volk – an der Spitze sein Friedenskaiser – wollte stets nur den Frieden ... Nur notgedrungen, schmählichst hintergangen und meuchlings wie von Wegelagerern überfallen, hat der Kaiser zum Schwerte gegriffen. Nun aber, sagte er selber, ‚wollen wir sie auch gründlich dreschen'!"[6] Kardinal Hartmann: „Der Ruf unseres Kaisers, mit dem er sein Volk aufrief zu einem Kampfe gegen eine Welt von Feinden – zu einem Kampfe, in den er reinen Gewissens zog, der Gerechtigkeit unserer Sache vor Gott gewiss: War dieser Ruf nicht ein Ruf der göttlichen Vorsehung für uns alle? ... Mit Gott in den aufgezwungenen Kampf."[7] Horbach: „Denn ist je ein Krieg in der Welt geführt worden, den ein Volk und sein Fürst vor Gott verantworten konnten, so ist es dieser Notwehrkrieg, den wir Deutsche führen müssen."[8] Gspann: „Der gegenwärtige Krieg ist für uns Österreicher und Deutsche eine heilige Mission, für unsere Gegner ein ganz schauerliches Strafgericht."[9] Aber auch dort gibt es Unterschiede und Stufungen. Während Eßer mit seinen kritischen Äußerungen sich positiv abhebt,[10] fallen die beiden evangelischen Pastoren Delbrück und Horbach, Kaplan Dederichs und Professor Gspann negativ mit ihren überzogenen Feindbildern auf. Bei Dederichs klingen rassistische Untertöne an: Bei einem deutschen Sieg sei mit einer „Verdrängung der unchristlichen wilden Turkos, Zuaven, Japaner, Indier usw."[11] zu rechnen. Der Soldat müsse sich zwar jeglichen persönlichen Hasses gegen den Feind enthalten, trotzdem gilt aber für Horbach: „Nicht scharf genug kann Englands Treulosigkeit, Hinterlist und Heuchelei verurteilt und verabscheut werden."[12] Ganz und gar nicht unchristlich sei das „deutsche Ungestüm", der *furor teutonicus*: „Das ungestüm-wilde und todesmutige ‚Hurra!' beim deutschen Bajonettangriff lässt den Feind so erzittern und beben, dass er nicht standhalten kann." Beim „pflichtmäßigen Töten, das als Notwehr erfolgt", hätten die tapferen Krieger machtvoll den Gesang „Deutschland, Deutschland über alles"[13] ertönen lassen. Delbrück macht die Einkreisungspolitik des englischen Königs Eduard, „die politischen Schachzüge Greys, die Habsucht Englands, die Rachegedanken Frankreichs … die Ausdehnungsgelüste Russlands"[14] für den Ausbruch des Krieges verantwortlich. Kaum mehr überbietbar ist Gspann: „Der Engländer von heute ist wortkarg, mürrisch, materialistisch … England ist, als Nation betrachtet, das perfideste Volk der Erde … Frankreich ist das Land der Revolutionen, der Riesenskandale und der Sittenlosigkeit … Russland und tyrannischer Despotismus sind ein und dasselbe."[15]

Die radikalen Umdeutungen und Verfälschungen des christlichen Glaubens hat W. Pressel in seinem Buch „Die

Kriegspredigt 1914–1918 in der evangelischen Kirche Deutschlands" aufgezeigt. Es gab so gut wie keine theologische Aussage, die nicht auf den Krieg hin „aktualisiert" wurde: Der Enthusiasmus des Kriegsbeginns wurde als neues pfingstliches Ereignis, als Mobilmachung durch den Heiligen Geist verstanden, der Erwählungsgedanke in säkularisierter Weise auf das deutsche Volk angewandt, die paulinische Gegenüberstellung von „Geist" und „Fleisch" als Überlegenheit des deutschen Geistes und fleischliche Gesinnung des militärischen Gegners ausgelegt, der Glaube als psychische Energie, als rückhaltlose Bereitschaft für Kraftleistungen und Opfer interpretiert und die Lehre von den Letzten Dingen einer radikalen Verfälschung unterzogen. Der Missbrauch der Kanzel zur politischen Propaganda war so offensichtlich, dass er sogar in Versailles von den alliierten Politikern zur Sprache gebracht wurde. Wie brisant die Forschungsergebnisse Pressels sind, zeigt sich darin, dass der evangelische Bischof O. Dibelius in einem Brief vom 29. August 1962 Pressel das Recht absprach, die Kriegspredigten jener Zeit zu kritisieren.[16] Dieser ließ sich dadurch jedoch nicht beirren und veröffentlichte sie. Der Missbrauch der kirchlichen Verkündigung für politische Agitation blieb für die evangelische Kirche, wie Wischmann in seinen Lebenserinnerungen darlegt, nicht folgenlos. Nach dem Krieg lichteten sich selbst auf dem Land die Reihen der Gottesdienstbesucher beträchtlich. Die Menschen spürten, dass man sie in die Irre geführt hatte; das rächte sich nun.[17] In der Theologie entwickelte Karl Barth (1886–1968) als Gegenreaktion auf die Vereinnahmung Gottes durch fragwürdige Identifizierungen seines Willens mit konkreten Geschichtsereignissen einen Transzendenztheismus, bei dem Gott als radikal vom Weltgeschehen abgehoben gedacht wurde. Allgemein kann gesagt werden, dass der Krieg als ein Straf- und Läuterungsmittel Gottes gesehen wurde für die Sünden der Menschen,[18] besonders den sittlichen Verfall in der Vorkriegszeit. Die militärische Auseinandersetzung ist nicht nur negativ besetzt; sie setzt Kräfte des Guten frei: Geduld im Ertragen von Widerwärtigkeiten, Opferbereitschaft, Kameradschaftlichkeit, nationales Ehrgefühl, Rückgang sittenloser Ausschweifung und Weckung der Glaubenskräfte („Not lehrt beten").[19]

Andeutungen, etwa im Anschluss an Jes 55,8f., wonach die Vorsehung Gottes menschlicher Einsichtnahme nicht ohne Weiteres offensteht, oder im Hinblick auf die Torheit des Kreuzes sind selten;[20] aber auch euphorische Aussagen wie die folgende sind singulär: „Wahrlich: Krieg und Vorsehung, das Problem ist gelöst. Die Frage quält nicht mehr."[21]

Da nahezu alle (!) eingesehenen Schriften von der Gerechtigkeit der deutschen Sache überzeugt sind, wurde die Frage des Bittgebetes relativ einfach gelöst: Man muss sich selbst von Sünden reinhalten und Gott nur intensiv genug um den Sieg bitten, dann wird er zweifellos dem deutschen Volk geschenkt werden. Delbrück: „In der Gewissheit der Gerechtigkeit unserer Sache bauen wir in Bitte und Gebet darauf, dass Gott in seiner Vorsehung uns helfen werde."[22] Auf die Frage, ob es nicht angemessener sei, um den allgemeinen Frieden zu beten, antwortet Dederichs so: „Gewiss! Aber auch zugleich um *unseren* Sieg."[23] Ähnlich Horbach, der mit dem Gebet des Soldaten für den Sieg überhaupt keine Schwierigkeiten hat, sofern sich der Soldat nur um ein sittlich gutes Leben müht.[24] Selbst wenn alles zunächst natürliche Ursachen habe, so ist es doch Gott, der diese aneinanderfügt. Deshalb ist es letztlich sein Wille, wer Sieger oder Verlierer ist. Huber: „Darum beten wir zu ihm um den Sieg unserer Waffen."[25] Genuin theologische

Ansatzpunkte sind in dieser auf Breitenwirksamkeit bedachten Literatur nur wenig zu erwarten; dass sie aber beim Bittgebet nur bei Schreiber anzutreffen sind, überrascht in dieser Spärlichkeit dann doch.[26]

Sowohl vom Zeitpunkt der Abfassung (1918) wie vom literarischen Genus (gewählt wird die Form des Gesprächs zwischen einem Studenten, der im Krieg den Glauben verloren hat, und seinem alten Pfarrer) hebt sich Becks Schrift „Weltkrieg und Vorsehung" von den übrigen ab. Die blutige Saat der Gewalt und Zerstörung war nun nicht mehr zu übersehen: „Ganze Bataillone wurden weggemäht von den Maschinengewehren."[27] In der Sprache und im Ausdruck des Studenten schwingt die ganze Bitterkeit des erlebten Leids mit.[28] Der Pfarrer verweist in seiner Entgegnung auf ein falsches Gottesbild,[29] das sündhafte Begehren nach Ruhm und Vorrang als eigentlichen Grund des Krieges, die Fortschritte einer gottentfremdeten Naturwissenschaft, die nun auf den Menschen selbst im „‚Triumph' der Kultur zum Vernichtungskampfe"[30] zurückschlagen, den Geheimnischarakter der Vorsehung sowie auf die Liebe Gottes als Motiv von Schöpfung und Erlösung und den Ausgleich im Jenseits. Auch wenn der gute Ausgang des Gesprächs etwas gekünstelt erscheint,[31] so dürfte doch Becks „Weltkrieg und Vorsehung" das Beste sein, was zum Thema der Vorsehung im Ersten Weltkrieg geschrieben wurde.

Wenn aus heutiger Sicht auf die Vorsehungsliteratur im Ersten Weltkrieg zurückgeblickt wird, ist darauf zu achten, keinem Anachronismus zu verfallen. Die Kriegsbegeisterung war 1914 allgemein. Im Vergleich zu dem damals üblichen übertriebenen Nationalismus sind die eingesehenen theologischen Aufsätze sogar noch moderat im Ton. Trotzdem kann damit nicht alles entschuldigt werden. Es ist bedrückend, wenn sich keine einzige (!) kritische Anmerkung zu der aggressiven Hochrüstungspolitik und dem unverantwortlichen „Säbelrasseln" des Wilhelminischen Deutschland findet und die Kriegsschuld allein den anderen Staaten angelastet wird.

Es bleibt der bittere Nachgeschmack, dass die Vorsehung zur Rechtfertigung des Krieges herangezogen wurde. Trotz andersartiger verbaler Beteuerungen wurde das wahnwitzige Töten an der Front bei Weitem nicht in voller Schärfe erkannt. Dementsprechend oberflächlich und seicht wurde die Frage nach dem Leid angegangen. Aufgrund der Voreingenommenheit für die deutsche Kriegsführung ist es beschämend, was zum Bittgebet gesagt wurde. Der Geheimnischarakter der Vorsehung wurde nicht zur Genüge erkannt und betont. Es blieb nicht ungestraft, wenn man vorschnell davon ausging, Gott auf seiner Seite zu haben. Insofern hat die Kritik Wiecherts[32], dass die Kirche zu den Opfern nicht immer das Richtige gesagt habe, tatsächlich eine gewisse Berechtigung, wenngleich auch hier nicht in unguter Weise verallgemeinert werden darf.

Meine beiden Großväter kämpften im Ersten Weltkrieg an der Front. Mein Vater wurde als 16-Jähriger noch in den letzten Kriegsmonaten zur Wehrmacht und dem Dienst mit der Waffe eingezogen. Die zu erörternden Zeiten sind vergangen. Sie liegen durch das persönliche Erleben und Berichten aber noch in Reichweite.

Das Eiserne Kreuz

Eine begehrte Auszeichnung im Krieg war das Eiserne Kreuz. Ich habe ein solches beim Aufräumen auf dem Speicher des Dachbodens meines Elternhauses gefunden. Darauf war eingeprägt: *1914/1915*. Angeblich wurde das meinem Großvater väterlicherseits verliehen. Auf einem weiteren kleinen Eisernen Kreuz, das ich zusammen mit diesem fand, war außer den Jahreszahlen *1914/15* noch zu lesen *Gott mit uns!* Das heißt auf Hebräisch *Immanuel*, auf Lateinisch *Emmanuel* (Jes 7,14). Auch auf den Koppelschnallen der deutschen Soldaten war dies eingraviert. War Gott mit den Soldaten des Kaiserreiches im Ersten Weltkrieg? Kann man das so einfach sagen? Ist das nicht höchst problematisch und eine Übertretung des zweiten Gebotes, Gottes heiligen Namen nicht zu missbrauchen? War Gott mehr mit den Deutschen als mit den Franzosen und den Engländern – und das bei einem „Handwerk", in dem es darum ging, andere Menschen zu töten, Landschaften und Häuser zu zerstören und andere Nationen zu überfallen?

Wenn die Kreuzritter mit dem Schlachtruf *Deus lo vult* – „Gott will es" in den Kampf gezogen sind, bestärkt in dem Wissen, dass Papst und Kirche hinter ihnen standen, dann kommt uns das heute sehr fragwürdig vor. Hat Gott das wirklich gewollt, was bei den Kreuzzügen alles an Unheil, Schrecken und Mord angerichtet worden ist? Fragwürdige Identifizierungen des Willens Gottes mit geschichtlichen Ereignissen und eigenen Willensäußerungen hat es in der Geschichte immer gegeben. Sie sollten uns nachdenklich stimmen, zumal wenn sie gegen die dezidierte Lehre und Verkündigung Jesu stehen.

Der Mann aus Nazaret hat genau das Gegenteil dessen gesagt, was hier gerechtfertigt wurde: „Selig, die Frieden stiften" (Mt 5,9). Das konnte man jedoch in keiner einzigen Schrift lesen, auch nicht: „Liebt eure Feinde und betet für die, die euch verfolgen" (Mt 5,44). Das war nirgends zu lesen. Petrus forderte er auf, sein Schwert wegzustecken, „denn alle, die zum Schwert greifen, werden durch das Schwert umkommen" (Mt 26,52). Eine einseitige und interessengeleitete Exegese liest aus der Bibel das heraus, was sie will, und missbraucht sie so. Mit intellektueller Redlichkeit hat das nichts mehr zu tun.

Es gab damals – im Unterschied zum Dritten Reich – keine Berufs-, Schreib- oder Redeverbote oder sonstige Repressalien, mit denen man rechnen musste, allenfalls eine gesellschaftliche Erwartungshaltung, der man nicht entsprach. Deshalb ist das angepasste Verhalten der Theologen umso verwerflicher. Wer meint, dass es nicht noch schlimmer hätte kommen können, sollte sich täuschen. Es kam noch schlimmer, und zwar in einem kaum mehr zu überbietenden Ausmaß bei der sogenannten Bewegung der „Deutschen Christen" und das nur wenige Jahre nach dem Ersten Weltkrieg, der Urkatastrophe des 20. Jahrhunderts. Das zu zeigen, ist die nächste Aufgabe.

2.

Von braunen Synoden und billiger Gnade

Die Antwort Bonhoeffers in seinem Werk „Nachfolge"

Es wäre ein Skandal, wenn ein bekannter Influencer vor Pfingsten auf den heute üblichen Social-Media-Kanälen schreiben würde: „Wir feiern bald Pfingsten, die Herabkunft des Heiligen Geistes. Ein anderes pfingstliches Ereignis fand im August 1914 statt, denn die Generalmobilmachung Deutschlands und Österreich-Ungarns war auch ein Pfingstereignis. Begründung: Alle Kräfte wurden damals eingesetzt und mobilisiert, um das Ziel einer heiligen Mission zu erreichen." Eine solche Aussage würde empörte Reaktionen hervorrufen, denn beim Pfingstereignis in Jerusalem ging es darum, mit dem Geist Gottes ausgerüstet zu werden, um das Evangelium des Friedens in die ganze Welt hinauszutragen, während es sich bei der Mobilmachung darum handelte, gegen andere Nationen in den Krieg zu ziehen und zu töten. Die Regierenden haben diesen Krieg als Kräftemessen verstanden. Jeder glaubte, dem anderen überlegen zu sein, und das sollte auch militärisch unter Beweis gestellt werden. Von vielen Theologen und Hirten der Kirche wurde dies abgesegnet als „pflichtgemäßes Töten" aus Notwehr. Man würde meinen, dass zumindest die evangelische Kirche daraus gelernt hätte, denn wie schon dargelegt wurde, hatte sich die Zahl der Gottesdienstbesucher selbst auf dem Land erheblich reduziert, weil in den Kriegspredigten das Wort Gottes massiv missbraucht wurde. Massentötung, Gewalt und Nationalismus wurden mit Berufung auf Gott gerechtfertigt. Die Menschen quittierten dies, indem sie sich von ihrer Kirche distanzierten.

Alexander Garth, der protestantische Pfarrer von Wittenberg, schrieb in Bezug auf seine Kirche, dass damals das Gedankengut des Nationalsozialismus „die ganze Kirche total mit diesem braunen Ungeist kontaminierte, pervertierte und schließlich paralysierte … Leuchtende Ausnahme: Dietrich Bonhoeffer."[33]

Um diese harte Anklage Garths zu verstehen, ist es wichtig, sich den geradezu religiösen Anspruch der damaligen Machthaber zu vergegenwärtigen. Anschließend werde ich auf die „leuchtende Ausnahme: Dietrich Bonhoeffer" und dessen Kampfschrift „Nachfolge" eingehen, die uns Grundsätzliches zum Thema Zeitgeist und Geist der Zeit zu sagen hat.

Ein theologischer Ausdruck hatte es Hitler und der braunen Bewegung besonders angetan: die Vorsehung Gottes. „Selbst Christen waren gerührt, wenn sie am Schlusse seiner Reden sein übliches Finale auf die göttliche Vorsehung hörten."[34] In seinen Reden ist über die Vorsehung oft mehr zu finden als in vielen Katechismen und theologischen Werken! In einem Buch, das die Reden Hitlers in der Kriegszeit dokumentiert, ist im Stichwortverzeichnis zur Vorsehung folgende Auflistung zu finden: „Glaube a. d. V., Eingreifen d. V., Beistand d. V., Segen d. V., Prüfungen durch d. V., Bitten a. d. V., Dank a. d. V."[35] Nur von dieser Aufstellung her muss jemand, der vom Verfasser nichts weiß, annehmen, ein theologisches Werk vor sich zu haben! Was Hitler der Vorsehung im Einzelnen alles zuschreibt, ist erstaunlich:[36] Sie hat ihn dazu bestimmt, seinen konkreten Weg zu gehen. Es war ihr Wille, dass dem deutschen Volk der Kampf nicht erspart blieb; trotz grausamer Prüfung wird sie ihm in Zukunft weiterhin beistehen und schließlich den Siegespreis verleihen. Beachtlich ist die pseudoreligiöse Aufladung in den folgenden Sätzen: Für den Heldenmut an der Front „wird auch – das können wir als Menschen, die an eine Vorsehung glauben, annehmen – auch ein unvergänglicher Lohn kommen".[37] Er erbittet sich von der Vorsehung, „dass sie den Weg unserer Soldaten behütet und segnet wie bisher!"[38] Sie hat überhaupt den Kampf der Nationalsozialisten gesegnet. Die Vorsehung des himmlischen Vaters in seiner Güte und Liebe wurde abgelöst durch eine Es-Macht: das düstere, unpersönliche, gesichtslose *fatum*, das Schicksal.

Mit der Vorsehung generell eng zusammenhängend ist der Gedanke der Erwählung durch Gott, dem seitens des Menschen ein Sendungsbewusstsein korrespondieren kann. Bei großen Gestalten der Geschichte ist dies oft feststellbar.[39] Hitlers Missionsbewusstsein scheint sehr stark entwickelt gewesen zu sein. Seinem Vertrauten der Jahre 1929 bis 1933, Wegener, sagte er mit hellen Augen und in die Weite blickend: „Auch ich bin vielleicht nur dazu bestimmt, mit der Fahne der Erkenntnis vor euch herzugehen. Ihr müsst hinter mir das Werk vollbringen. *Ich* muss meiner Eingebung, meinem Auftrag folgen. *Ihr* aber könnt hinter mir die Dinge sehen und erkennen, wie sie sind. Die Fackel wirft mir manchmal ihr flackerndes Licht auf meinem Weg voraus. Aber die, die hinter mir gehen, marschieren im Licht. Darum gehören wir zusammen, Ihr und ich! Ich, der durch das Dunkel Führende, und Ihr, die Ihr sehend vollenden sollt!"[40] Hitler hat sich wie der gute Hirte im Evangelium verstanden, welcher der Herde vorausgeht. Er bahnt den Weg. Auch für ihn ist es manchmal schwierig, diesen zu finden, denn die Fackel leuchtet nur sporadisch. Trotzdem geht er den Weg. Jene, die ihm nachfolgen, gehen im hellen Licht, weil er den Weg bereitet hat.

Die Grußformel im Dritten Reich lautete „Heil Hitler"; damit war eine enorme religiöse Aufladung verbunden, denn Heil, zumal letztes Heil, kommt nur von Gott: „Heute ist euch in der Stadt Davids der Heiland geboren; er ist der Christus, der Herr" (Lk 2,11), so verkünden es die Engel bei der Geburt des Herrn.[41] Nur er ist der Heiland und Herr. Im Dritten Reich wurde das Heil aber einem Menschen zugesprochen und von ihm erwartet.

Im Hitlereid wurde *unbedingter Gehorsam* gegenüber der Person Adolf Hitlers verlangt, besonders von Mitgliedern der Wehrmacht, der SS und anderer Spezialeinheiten, aber auch von Beamten, Hochschulprofessoren und Krankenschwestern.

In der Hitlerjugend und bei der Jugend allgemein fand eine Militarisierung statt. Deshalb wurden auch während der Schulferien im Sommer verpflichtende Wehrsportübungen durchgeführt. Weil Hitler den Krieg anstrebte, betrieb er neben einer aggressiven Aufrüstungspolitik die körperliche Ertüchtigung seiner künftigen Soldaten.

Es wurde eine Art Pseudoreligion eingeführt: Heidnische Feste wurden anstelle der christlichen organisiert. Kultelemente der katholischen Kirche wurden nicht nur für den äußeren Ablauf der prozessionsartigen Aufmärsche und bildliche Darstellungen, sondern auch in terminologischer Hinsicht übernommen.[42] Hitler sorgte für „Berührungsreliquien", indem er als der oberste Hierarch die neuen Fahnen und Standarten der SA und SS durch Berühren mit der Blutfahne, welche mit dem Blut der Märtyrer von 1923 getränkt sei, „weihte".[43] In der Kultstätte zu Pasewalk in Pommern, wo Hitler 1918 mit einer Augenverletzung im Kriegslazarett lag, ist er als ein Soldat und Bannerträger wie der hl. Georg dargestellt, der auf einem Drachen steht und diesen tötet.

Der Einzelne zählte nichts mehr und konnte deshalb auch skrupellos geopfert werden, wenn es für die völkische Gemeinschaft erforderlich war. Das steht im Gegensatz zur christlichen Lehre, bei der es um Individualität und Personalität geht, was sich dadurch ausdrückt, dass jeder von Gott beim Namen gerufen wird (Jes 43,1) und sich von Christus geliebt und erlöst wissen darf (Gal 2,20). Bei der Ideologie des NS-Staates ging es indes um eine Vermassung. Nicht umsonst hat man den Insassen der Konzentrationslager die Köpfe kahl geschoren und Nummern gegeben. Ein Gesicht wirkte wie das andere. Sie sollten jeder Individualität beraubt werden. Aus „Ein Glaube, eine Taufe, ein Gott und Vater aller" (Eph 4,5f.) wurde „Ein Volk, ein Reich, ein Führer". Das Alte Testament wurde als jüdisch abgewertet und damit entwertet. Die christliche Eschatologie wurde von einer „Blut-und-Boden-Ideologie" abgelöst, bei der alles Heil nur von der konkreten Geschichte des deutschen Volkes erwartet wurde.

Verträge waren für Hitler nur ein Stück Papier, die nach Belieben geändert und gebrochen werden konnten – ein Phänomen, das von manchen als „deutsche Lüge" bezeichnet wurde.

Die Konzentrationslager waren komplett rechtsfreie Räume, in denen sich die NS-Schergen austoben konnten, wie sie wollten, denn sie wussten, dass sie nicht zur Rechenschaft gezogen werden würden. Das Recht des physisch Stärkeren und Überlegenen über den Schwachen wurde gnadenlos ausgeübt und brutal in die Praxis umgesetzt. Juden und anderen Volksgruppen, aber auch geistig Behinderten, wurde als „Parasiten" das Existenzrecht abgesprochen. In NS-Propagandafilmen wurden sie mit Ratten verglichen. Die praktische Folge dieses Rassenwahnes war die fabrikmäßige Ermordung von Menschen in einer Dimension, wie es das zuvor in der Geschichte noch nie gegeben hatte.

Es herrschte ein absoluter Wille zur Herrschaft, Aggression und Zerstörung. Die Ereignisse im Dritten Reich waren der größte Kulturbruch, den das deutsche Volk in seiner zweitausendjährigen Geschichte jemals erlebt hatte. Der Teufel wird im Evangelium nach Johannes als Lügner und Menschenmörder charakterisiert (Joh 8,44). Beides trifft auf Hitler und seine braune Bewegung zu. Es war die vielleicht bösartigste Ideologie, welche die Menschheit bisher erlebt hatte, sogar noch vor dem Kommunismus, denn dort gab es die Möglichkeit der Umkehr. Wenn man die Ideologie der Kommunisten angenommen und sich nach außen angepasst verhalten hatte, wurde man in der Regel nicht weiter behelligt. Anders beim Nationalsozialismus: Vom Judentum konnte man sich nicht „bekehren", es war per se schlecht und eine Umkehr war ausgeschlossen.

Weil es mir auf die Entgegnung von Dietrich Bonhoeffer auf die braune Ideologie ankommt, ist es notwendig, darauf einzugehen, wie die Kirche, der er angehörte, die evangelische, ihrerseits auf die Herausforderung des Nationalsozialismus reagiert hat. Nur vor diesem Hintergrund werden seine Ausführungen verständlich. Selbstverständlich kann hier keine umfassende Analyse der Ereignisse von damals vorgelegt werden; deshalb werden nur einige wichtige, aus der Geschichte bekannte Daten wiedergegeben.

Die Flagge der „Deutschen Christen"

Die „Gleichschaltung" der evangelischen Kirche erfolgte schon im September 1933, denn mit Ludwig Müller als Reichsbischof wurde eine von der nationalsozialistischen Herrschaft abhängige evangelische Reichskirche etabliert. Innerhalb der evangelischen Kirche entstand die Bewegung der „Deutschen Christen" (DC), die phasenweise sogar eine Zweidrittelmehrheit bei den Synoden hatten. Die Flagge der DC war in Farbgebung und optischer Gestaltung deutlich angelehnt an die damals überall sichtbare Hitler-Fahne. In der Mitte war auf weißem Grund in schwarzer Farbe ein Kreuz zu sehen, in dessen Schnittpunkt das Hitlerkreuz abgebildet war. Ab 1932 war es ihr Ziel, die evangelische Kirche der nationalsozialistischen Ideologie und deren Führerprinzip anzugleichen und sie entsprechend umzugestalten. Die Kirche sollte sich von ihren jüdischen Wurzeln und damit von einer wesentlichen Grundlage ihres Glaubens, dem Alten Testament, distanzieren. Die DC waren somit antisemitisch und rassistisch. Sie glaubten, dass dies mit dem Evangelium vereinbar sei, denn auch Jesus sei kein Jude, sondern ein Arier gewesen. „Rassenreinheit" sollte eine Voraussetzung für eine Aufnahme in die evangelische Kirche sein. Diesem Ziel diente auch die Einrichtung einer „Entjudaisierungsstelle", die von elf evangelischen Landeskirchen in Eisenach im Mai 1939 eingerichtet wurde. Der offizielle Titel hieß: „Institut zur Erforschung und Beseitigung des jüdischen Einflusses auf das deutsche Leben". Nur die Bischöfe der Landeskirchen gehörten nicht der Bewegung der DC an! Mit diesen Maßnahmen sollte das vollendet werden, was Martin Luther mit der Reformation begonnen hatte: die Errichtung eines nationalen judenfreien christlichen Glaubens. Seitens der nationalsozialistischen Machthaber wurde massiver Druck auf die evangelische und auch die katholische Kirche ausgeübt, wobei die Situation der letzteren ungleich anders war durch ihre übernationale Struktur und innere Ausrichtung auf das Petrusamt.

Gegen die dem Regime angepasste Lehre der DC erhob sich auch Widerspruch und Widerstand. Im Januar 1934 schlossen sich etwa 7000 evangelische Pfarrer – ein Drittel der protestantischen Geistlichen – einem Pfarrnotverband als Wurzel der „Bekennenden Kirche" (BK) an. Eine auf der Bekenntnissynode in Dahlem Ende Mai 1934 angenommene theologische Erklärung wurde zur Grundlage der BK. Diese gab sich ein Notrecht und erneuerte den Anspruch, die rechtmäßige evangelische Kirche in Deutschland zu sein. Sie verweigerte der nationalsozialistisch orientierten Kirche den Gehorsam. Aus der Sicht der Reichskirche war die BK illegal und wurde bekämpft, nachdem sie im Jahr 1935 von den braunen Machthabern als illegal bezeichnet und eingestuft worden war. Wer damals in der evangelischen Kirche Theologie studierte und nicht den „Deutschen Christen" beitrat, hatte große Schwierigkeiten, eine Anstellung zu bekommen. Da viele evangelische Pastoren verheiratet waren, hatte dies gravierende Auswirkungen auf ihre Familien – etwa 700 waren davon betroffen. Die Versuchung, sich durch staatlich anerkannte Ausschüsse „legalisieren" zu lassen, wurde immer größer, denn der Druck der nationalsozialistischen Machthaber verstärkte sich durch massive Repressionen.

Eine führende Persönlichkeit der BK war Dietrich Bonhoeffer (1906–1945). Profiliert, klar und scharfsinnig bezog er als Theologe Stellung.

Er war ein begnadeter Schriftsteller und aufrechter Christ. Bonhoeffer beteiligte sich auch auf politischer Ebene am Widerstand gegen die nationalsozialistische Weltanschauung, wofür er mit Predigtverbot und Gefängnisaufenthalten bestraft wurde; noch in den letzten Kriegstagen wurde er im KZ Flossenbürg auf persönlichen Befehl von Hitler durch Er-

hängen getötet, zusammen mit anderen, die an der Vorbereitung des Attentats vom 20. Juli 1944 beteiligt waren. Bonhoeffer hat versucht, selbst das zu leben, was er von anderen verlangt hat. Er war geistlich sehr diszipliniert und ist frühzeitig
aufgestanden; der Tagesablauf war genau geregelt, zu dem
natürlich auch etliche Gebetszeiten gehörten. Regelmäßig
hat er vor einem Bruder seine Schuld ausgesprochen. Immer
wieder hat er auf das Erfahrungswissen des mönchischen
Lebens zurückgegriffen und anderen empfohlen, es ihm
gleichzutun – eingefahrenen protestantischen Ablehnungen
zum Trotz. In täglicher Übung müsse man den strengen
Geboten Jesu folgen.[44] Die Restauration der Kirche, ihre Wie-
derherstellung nach der Zerstörung der Nazi-Zeit, war für
ihn nur aus einer Art neuen Mönchtums vorstellbar.

Für Bonhoeffer war klar, dass jeder, der sich wissentlich
von der BK in Deutschland trennt, sich vom Heil trennt.[45]
Eine Mitgliedschaft bei den DC hatte deshalb zur Folge,
nicht zur Kirche Jesu Christi zu gehören und außerhalb des
Heils zu stehen. Von seinen vielen Briefen, Aufsätzen und
Büchern ist sein Werk „Nachfolge" das wichtigste, das mit
einer Gesamtauflage von 80 000 Exemplaren herausgekommen ist. Dazu kamen noch 50 000 Exemplare im Ausland.
Das Manuskript wurde im Jahr 1937 publiziert. Eine höhere
Auflagenzahl hatte nur noch sein Werk „Gemeinsames Leben". Die „Nachfolge" von Bonhoeffer ist eine „Kampfschrift". Bonhoeffer war an keiner rein intellektuellen Bearbeitung interessiert. Ihm ging es um die Rückbesinnung auf
die biblischen Fundamente des Glaubens, denn die „Nachfolge" war für ihn ein wegweisender Appell im Kirchen-
kampf. Die evangelische Kirche hat aus seiner Sicht damals
mit der Parole von der billigen Gnade, die man den Menschen nachgeworfen hat, das christliche Volk paralysiert
und ruhiggestellt.

Im Folgenden gehe ich ausführlich darauf ein, denn die „Nachfolge" war eine hoch reflektierte theologische Antwort auf die Verfälschung des christlichen Glaubens durch die damalige offizielle evangelische Kirche und ist, abgelöst vom zeitgeschichtlichen Kontext, von bleibender Bedeutung, gerade für unser Thema. Wir sind immer wieder versucht, uns das Evangelium gefügig zu machen und es dem Zeitgeist anzupassen. Für die heutige Zeit sind seine Ausführungen von kaum zu überschätzender Bedeutung.

Grundlage seiner Ausführungen ist die protestantische Rechtfertigungslehre, wodurch der Mensch *durch Gnade allein* („sola gratia") ohne Werke gerechtfertigt wird. Es handelt sich hierbei um die reformatorische Erkenntnisaussage schlechthin. In dieser Sicht kann der Mensch durch gute Taten nicht gerecht werden, sondern er muss auf die Gnade Gottes vertrauen und ist ganz auf sie angewiesen. Für die katholische Kirche gehört zum Glauben aber immer auch, dass er in der Liebe tätig wird (Gal 5,6). Insofern sind die Werke immer auch mitzudenken, wenn vom Glauben gesprochen wird. Welcher Stellenwert den Werken des Menschen zukommt, zeigt das Gericht des Menschensohnes über die Völker (Mt 25,31–46). Die Gefahr bei den Protestanten ist groß, dies zu vergessen und sich nur auf die Gnade Gottes zu verlassen. Nach Bonhoeffer sei dies schon bei den Schülern Luthers der Fall gewesen, was das „Ende und die Vernichtung der Reformation"[46] bedeutet hätte. Sie hätten nicht mitgedacht und gelebt, was Luther immer mitbedacht hatte, nämlich die Nachfolge. Keinen Augenblick sei christliches Leben davon dispensiert. Es geht dabei nicht um eine kirchengeschichtliche Vorlesung, sondern darum, dass wir für das Heute und die Gestaltung unseres persönlichen Lebens daraus lernen.

Bonhoeffer beginnt sein Buch in fulminanten, markigen Sätzen mit Ausführungen über die billige Gnade: „Billige

Gnade ist der Todfeind unserer Kirche. Unser Kampf heute geht um die teure Gnade. Billige Gnade heißt Gnade als Schleuderware, verschleuderte Vergebung, verschleuderter Trost, verschleudertes Sakrament. Gnade als unerschöpfliche Vorratskammer der Kirche, aus der mit leichtfertigen Händen bedenkenlos und grenzenlos ausgeschüttet wird. Gnade ohne Preis, ohne Kosten. Das sei ja gerade das Wesen der Gnade, dass die Rechnung im Voraus für alle Zeit beglichen ist. Auf die gezahlte Rechnung hin ist alles umsonst zu haben."[47] Billige Gnade sei verschwendet worden und geradezu System und Lehre geworden. „In dieser Kirche findet die Welt billige Bedeckung ihrer Sünden, die sie nicht bereut und von denen frei zu werden sie erst recht nicht wünscht. Billige Gnade ist darum Leugnung des lebendigen Wortes Gottes, Leugnung der Menschwerdung des Wortes Gottes. Billige Gnade heißt Rechtfertigung der Sünde und nicht des Sünders. Weil Gnade doch alles allein tut, darum kann alles beim Alten bleiben ... Es lebe also auch der Christ wie die Welt, er stelle sich der Welt in allen Dingen gleich und unterfange sich ja nicht ... unter der Gnade ein anderes Leben zu führen als unter der Sünde! ... Die Welt ist durch die Gnade gerechtfertigt, darum ... lebe der Christ wie die übrige Welt! ... Billige Gnade ist die Gnade, die wir mit uns selbst haben. Billige Gnade ist Predigt der Vergebung ohne Buße, ist Taufe ohne Gemeindezucht, ist Abendmahl ohne Bekenntnis der Sünden, ist Absolution ohne persönliche Beichte. Billige Gnade ist Gnade ohne Nachfolge, Gnade ohne Kreuz, Gnade ohne den lebendigen, menschgewordenen Jesus Christus."[48]

Anschließend folgen seine Ausführungen zur teuren Gnade, die er mit dem Schatz im Acker und der teuren Perle, für die der Kaufmann alles hingibt, vergleicht. Durch sie haben die Jünger ihre Netze verlassen und sind ihm nachgefolgt. „Teure Gnade ist das Evangelium, das immer wie-

der gesucht, die Gabe, um die gebeten, die Tür, an die ange-
klopft werden muss ... Teuer ist die Gnade darum, weil sie
Gott teuer gewesen ist, weil sie Gott das Leben seines Sohnes gekostet hat – ‚ihr seid teuer erkauft‘ – und weil uns
nicht billig sein kann, was Gott teuer ist. Gnade ist sie vor
allem darum, weil Gott sein Sohn nicht zu teuer war für unser Leben, sondern er ihn für uns hingab. Teure Gnade ist
die Menschwerdung Gottes.“[49] In berührenden Bildern und
Worten beschreibt er die Wirkung der teuren Gnade: „Gnade war es, weil sie Wasser auf das durstige Land, Tröstung
für die Angst, Befreiung von der Knechtschaft des selbst ge-
wählten Weges, Vergebung aller Sünden war. Teuer war die
Gnade, weil sie nicht dispensierte vom Werk, sondern den
Ruf in die Nachfolge unendlich verschärfte ... Ist Gnade
das von Christus selbst geschenkte ‚Resultat‘, so ist dieses
Leben keinen Augenblick dispensiert von der Nachfolge.“[50]

Anschließend beschreibt er die verheerenden Folgen des
falschen Verständnisses der Gnade ohne Nachfolge. „Die
ganze Welt ist unter dieser Gnade ‚christlich‘ geworden,
das Christentum aber ist unter dieser Gnade in nie dagewe-
sener Weise zur Welt geworden. Der Konflikt zwischen
christlichem und bürgerlichem Berufsleben ist aufgehoben.
Das christliche Leben bestand eben darin, dass ich in der
Welt und wie die Welt lebe, mich in nichts von ihr unter-
scheide, ja mich auch gar nicht ... von ihr unterscheiden
darf, dass ich mich aber zu gegebener Zeit aus dem Raum
der Welt in den Raum der Kirche begebe, um mich dort
der Vergebung meiner Sünden vergewissern zu lassen. Ich
bin von der Nachfolge Christi befreit – durch die billige
Gnade, die der bitterste Feind der Nachfolge sein muss, die
wahre Nachfolge hassen und schmähen muss.“[51]

Anschließend geht er auf die Wirkung der billigen Gnade bei der Sakramentenspendung und auf geschichtliche

Details ein: „Man gab die Verkündigung und die Sakramente billig, man taufte, man konfirmierte, man absolvierte ein ganzes Volk ungefragt und bedingungslos, man gab das Heiligtum aus menschlicher Liebe den Spöttern und Ungläubigen, man spendete Gnadenströme ohne Ende, aber der Ruf in die strenge Nachfolge Christi wurde seltener gehört. Wo blieben die Erkenntnisse der alten Kirche, die im Taufkatechumenat so sorgsam über die Grenze zwischen Kirche und Welt, über der teuren Gnade wachte? Wo blieben die Warnungen Luthers vor einer Verkündigung des Evangeliums, die die Menschen sicher machte in ihrem gottlosen Leben? Wann wurde die Welt grauenvoller und heilloser christianisiert als hier? Was sind die 3000 von Karl dem Großen am Leibe getöteten Sachsen gegenüber den Millionen getöteter Seelen heute? ... Die billige Gnade war unserer evangelischen Kirche sehr unbarmherzig. Unbarmherzig ist die billige Gnade gewiss auch den meisten von uns ganz persönlich gewesen. Sie hat uns den Weg zu Christus nicht geöffnet, sondern verschlossen. Sie hat uns nicht in die Nachfolge gerufen, sondern in Ungehorsam hart gemacht.“[52] Die billige Gnade hätte die Menschen geradezu überfallen und zu einer höchst weltlichen Nüchternheit geführt mit der Konsequenz, dass die „Freudigkeit zur Nachfolge" in uns erstickt wurde, denn „Anstrengung und Zucht" seien unnötig, ja sogar gefährlich. Begründung: „Denn es sei ja eben in der Gnade alles schon bereit und vollbracht! ... Das Wort von der billigen Gnade hat mehr Christen zugrunde gerichtet als irgendein Gebot der Werke.“[53] Der betrogene Mensch fühlte sich im Besitz der billigen Gnade stark, obwohl er in Wirklichkeit die Nachfolge verloren hatte.

Am Schluss seiner Ausführungen schreibt Bonhoeffer: Wollen wir es nicht mehr leugnen, „dass wir wohl Glieder einer rechtgläubigen Kirche der reinen Lehre von der Gnade, aber nicht mehr ebenso Glieder einer nachfolgenden Kirche sind, [deshalb] muss der Versuch gewagt werden, Gnade und Nachfolge wieder in ihrem rechten Verhältnis zu verstehen. Hier dürfen wir heute nicht mehr ausweichen. Immer deutlicher erweist sich die Not unserer Kirche als die eine Frage, wie wir heute als Christen leben können."[54]

In seiner Schrift „Gemeinsames Leben" – es war seine meistverbreitete – wird deutlich, dass Nachfolge nur in einer völligen Ausrichtung unserer Lebensgeschichte auf Jesus Christus und seine Worte möglich ist. Gott hat in ihm gehandelt. „Unser Heil ist ‚außerhalb unserer selbst', nicht in meiner Lebensgeschichte zu finden, sondern allein in der Geschichte Jesu Christi finde ich das Heil."[55] Es geht um eine klare und unmissverständliche Ausrichtung unseres Lebens auf den Herrn hin. Alles andere hat mit dem Glauben nicht viel zu tun und führt von Christus weg.

Nicht nur Bonhoeffer hat die Fehlentwicklungen im Protestantismus festgestellt, sondern auch Kurt Tucholsky. Schon 1930 hat er – damals eine bedeutende Persönlichkeit im publizistischen Bereich – sich zur protestantischen Kirche so geäußert: „Was an der Haltung der … Landeskirchen auffällt, ist ihre heraushängende Zunge. Atemlos jappend laufen sie hinter der Zeit her, auf dass ihnen niemand entwische."[56] Was damals herrschendes Denken und Verhalten war, mag es auch noch so gottlos und menschenverachtend gewesen sein, hat man mitgemacht und durch eine entsprechende Theologie gerechtfertigt.

Die Ausführungen Bonhoeffers über die teure Gnade in seinem Werk „Nachfolge" wurden deshalb so ausführlich zitiert, weil es hier um eine grundlegende Gefährdung des Glaubens geht, die nicht nur evangelische Christen betrifft. Die Zeiten ändern sich, aber nicht die menschlichen Grundbefindlichkeiten. Auch in der heutigen Glaubensverkündigung ist die billige Gnade oft der Hintergrund vieler Ausführungen und Traktate, wenn davon ausgegangen wird, dass wir uns nicht mehr anstrengen müssten, weil wir schon erlöst seien. Bonhoeffer würde heute wie damals vehement widersprechen. Sich dem Anspruch des Evangeliums zu stellen, war nie einfach, denn weithin begnügen sich die Menschen mit einem Mittelmaß, das mit wirklicher Nachfolge aber kaum noch etwas zu tun hat. Sie mögen es nicht, in die Umkehr und in die Nachfolge gerufen zu werden, denn dann müsste sich einiges in ihrem Leben ändern. Gnade darf nie so definiert werden, dass sie von der oft mühseligen (Kreuzes-)Nachfolge dispensiert. Es darf hier keine Einseitigkeiten geben, denn das Evangelium ist immer beides: Zuspruch und Anspruch. Bonhoeffer hat immer beides gesehen. Das Evangelium ist Zuspruch, ist Frohbotschaft, denn es vermittelt die Freude, erlöst und ein Kind Gottes zu sein, es ist die Verheißung künftigen Lebens und immer Zusage, Ermutigung und Trost. Es ist eine ständige Einladung, ein Leben mit Gott zu führen und so den Sinn seiner Existenz zu finden, gerade auch in den Mühseligkeiten, mit denen wir es im Alltag zu tun haben. Gott begleitet uns auch durch die dunkelsten Täler. Uns ist die Gnade Gottes geschenkt, die Sakramente, eine Fülle, die wir gar nicht ausschöpfen können. Wir haben die Muttergottes und die Heiligen. Wer das aus dem Blick verliert, verfälscht das Evangelium.

Wer aber heute nur noch den Zuspruch und nicht zugleich auch den Anspruch des Evangeliums verkündet, verschweigt Entscheidendes. Dazu gehört etwa auch die Botschaft vom Gericht und der Ablegung der Rechenschaft für unser Leben vor dem ewigen Richter. „Provokation zur Umkehr" nennt der Neutestamentler Marius Reiser das und zeigt auf, welches Gewicht dieses Thema in der Ver-

kündigung Jesu hatte: „Gerichtsworte und Gerichtsgleich-
nisse machen im Text des Markusevangeliums 22 Prozent
aus, im Sondergut des Matthäus 64 Prozent, im Sondergut
des Lukas 28 Prozent. In der sogenannten ‚Logienquelle‘,
die nach Auffassung aller modernen Exegeten der authentischen Verkündigung Jesu besonders nahesteht, nimmt unser Thema 35 Prozent des Raumes ein. Das heißt: Etwa ein
Drittel aller Worte und Gleichnisse Jesu in den synoptischen
Evangelien sind dem Thema des Gerichts gewidmet.“[57]
Selbst die Heiligen waren oft erschrocken angesichts der
Höhe der Forderungen des Herrn; das war schon bei den
Aposteln so. Als die Jünger die Ausführungen Jesu über
Reichtum und Nachfolge hörten, „gerieten sie ganz außer
sich vor Schrecken und sagten: Wer kann dann noch geret-
tet werden?" (Mt 19,25). Wer die Bergpredigt unvoreinge-
nommen liest, ist betroffen und berührt zugleich von der
Gewalt der Worte, aber auch von dem, was einen wirklichen Christen ausmacht. Der Weg, der ins ewige Leben
führt, ist schmal und steil, und die Tür, durch die wir gehen
müssen, ist eng. Nur wenige kommen durch sie hindurch,
obwohl sie es versuchen (Mt 7,13f.). Es wird eine Ähnlich-
keit mit Gott, ja sogar eine Gleichheit mit ihm möglich in
der Feindesliebe: Wenn wir unsere Feinde lieben, sind wir
Kinder Gottes! (Mt 5,45). Es wird eine Leidensbereitschaft
bis hin zum Martyrium erwartet und eine Reinheit und Hei-
ligkeit, welche die der Pharisäer weit übersteigt. Das reine
Herz meint eine vollkommene und innerste Transparenz
auf Gott hin (Mt 5,8). Durch sie kann man Gott schauen.
Eine Armut im Geist ist hierfür Grundvoraussetzung – „Selig, die arm sind [im Geist] vor Gott" (Mt 5,3) –, denn nur
wer leer und innerlich frei ist, ist auch leer von eigenen Vorstellungen und Wünschen, kann von Gott gefüllt werden.
Es wird ein anderer Lebensstil erwartet als jener der Gott-

losen und Materialisten, der Sünder und Zöllner. Eine Radikalität und Totalität wird vorausgesetzt, in der kein menschlicher Bereich ausgenommen ist. Reservate, in denen das Evangelium nichts zu suchen hat, kann und darf es nicht geben. Es gilt nur ein Gerechtsein, das von Herzen kommt und nicht von äußeren Werken der Frömmigkeit. Und *last, not least*: Erkennungszeichen von allem ist die Freude. Der Anspruch der Bergpredigt und die Höhe der Forderungen Jesu dürfen nicht auf die eigene Trivialität, Mittelmäßigkeit und Triebhaftigkeit heruntergeschnorrt werden, denn sonst wird das Salz schal (Mt 5,13). Solches Salz aber wird von den Menschen zertreten, denn es hat seine Aufgabe nicht erfüllt und die Welt nicht vor Fäulnis bewahrt. Im griechischen Urtext steht für „zertreten" das Wort „hinausgeworfen". Es ist das gleiche Wort wie im Gleichnis vom nichtsnutzigen Knecht, der in die Finsternis hinausgeworfen wird, wo man heult und mit den Zähnen knirscht (Mt 25,30). Wenn der Anspruch gestrichen wird, bleibt nur noch eine kleinbürgerliche Morallehre übrig, von der wenig Kraft und Ansporn zur Nachfolge ausgeht. Diesen zu ermäßigen durch Weglassen von Wesentlichem ist das Törichteste, was man tun kann. Die Kirche befindet sich heute in dieser Gefahr, denn es ist ihre Aufgabe, eine „Kontrastgesellschaft" zum Üblichen darzustellen. In ihr soll die faszinierende Andersartigkeit des Reiches Gottes aufleuchten. Dies zeigt sich auch darin, dass die in der Welt üblichen Mechanismen der Unterdrückung und des Machtmissbrauchs nicht vorkommen dürfen. Leider wurde auch bei der revidierten Einheitsübersetzung Mk 10,43 nicht sachgerecht übersetzt. Jesus spricht davon, dass die Herrscher ihre Völker unterdrücken und ihre Großen ihre Macht missbrauchen: „Bei euch aber soll es nicht so sein" (Mk 10,43). Was hier im Optativ als Wunsch geäußert wird, lautet in wörtlicher Übersetzung des griechischen Originaltextes: „Nicht so aber ist es bei euch." Das Anderssein der Gemeinde ist schlichtweg ein Faktum, das vorausgesetzt wird. Allein schon durch ihre bloße Existenz würden solche Gemeinden die Welt verändern. Die Kirche würde zur Stadt auf dem Berg und zum Licht der Welt.[58]

Auch wenn wir oft nicht allem entsprechen können, so ist es doch wichtig, dafür offen zu sein und die Provokation des Evangeliums auszuhalten. Christus soll in unserem Leben tun dürfen, was er für richtig hält. Wir dürfen die Menschen nicht in ihrer Mittelmäßigkeit und ihrem Mangel an Liebe zum Herrn bestätigen, denn genau das – so Bonhoeffer – hatte in der evangelischen Kirche zu horrenden Schäden geführt. Später werde ich noch Näheres dazu ausführen. Madeleine Delbrêl (1904–1964), die einen Großteil ihres Lebens in einem Vorort von Paris in einem atheistischen Umfeld verbracht hatte, schrieb dazu:

„Das Wort Gottes trägt man nicht in einem Köfferchen bis ans Ende der Welt:

Man trägt es in sich, man nimmt es mit sich auf den Weg, man stellt es nicht in eine innere Ecke, in einen Winkel des Gedächtnisses, um es aufzuräumen wie das Fach eines Schrankes.

Man lässt es bis auf den Grund seiner selbst sinken, bis zu dem Dreh- und Angelpunkt, in dem sich unser ganzes Selbst dreht.

Missionar sein kann man nur, wenn man dem Wort Gottes, dem Evangelium, in sich selbst einen offenen, weiten, herzlichen Empfang bereitet hat.

Der lebendige Drang dieses Wortes geht dahin, Fleisch zu werden in uns.

Und wenn wir so von ihm bewohnt sind, dann sind wir dafür geeignet, Missionare zu werden.

Doch täuschen wir uns nicht: Es ist eine große Verpflichtung, die Botschaft unverfälscht in sich zu empfangen; deshalb gibt es so viele von uns, die sie schminken, verstümmeln, verharmlosen.

Man hat das Bedürfnis, sie der Tagesmode anzupassen – so als wäre Gott nicht alle Tage ‚in Mode', als müsste man ihn überarbeiten."[59]

3.

Wie man Pfaffen aus der Kirche schafft

Das Programm der Entmythologisierung der Bibel von Strauß und Bultmann

Dem Glauben und der Lehre von der Vorsehung drohen nicht nur eine Gefahr durch negative Einflüsse unserer Gesellschaft und eines totalitären Staates, sondern auch durch die Entwicklung der modernen Naturwissenschaften, wenn deren Voraussetzungen unreflektiert in die theologische Wissenschaft, näherhin an das Verständnis der Heiligen Schrift, herangetragen werden. „Eine aus dem Glauben getriebene historische Exegese wird auf keinen Fall die Prämissen des modernen immanentistischen Weltbildes übernehmen können: Ihre Prämissen ergeben sich vielmehr aus dem, was im kirchlichen Leben erfahrbar wird: Diese Erfahrungen eröffnen Bereiche, von denen unsere aufgeklärten Zeitgenossen oft keine Ahnung haben."[60]

Die katholische Theologie tat sich mit der Herausforderung durch den klassischen Determinismus des 19. Jahrhunderts, der keinen Raum mehr für das Wirken einer höheren Macht ließ, schwer. Sie war wie ihre Gegner davon überzeugt, dass die Naturgesetze streng und eindeutig determiniert verlaufen. Es ist dann aber nicht leicht einzusehen, wie etwa ein Wunder noch möglich sein sollte. Der sich anbietende verlockende Ausweg eines Deismus, wonach Gott die Welt wie ein Uhrwerk eingerichtet, diese aber dann sich selbst überlassen hätte, blieb einer verantwortbaren

Theologie versperrt. Er wird in den Lehrbüchern dieser Zeit deshalb auch kaum diskutiert. Wie in der Theologie der alten Kirche und der Scholastik ging man davon aus, dass ein in seinem Sein abhängiges und endliches Wesen niemals ohne seine schöpferische Ursache existieren kann. Die Erhaltung aller Dinge im Dasein, die sich auf das fundamentalste und innerste Sein der Dinge erstreckt, wurde aber durch den Deismus letztlich geleugnet. Wenn außerdem der Sinn der Schöpfung im Bund Gottes mit dem Menschen und der endzeitlichen Vollendung von Welt und Geschichte liegt, dann kann der Schöpfer ihr nicht im deistischen Sinn teilnahmslos gegenüberstehen. Die Behauptung, wonach Gott am Weltenlauf kein Interesse habe, läuft auf eine Leugnung der Erschaffung der Welt hinaus. Die Vorstellung eines dem Weltgeschehen nur mehr zuschauenden Gottes bedrohte deshalb das richtige Denken des Gottseins Gottes und wurde zurückgewiesen.[61]

Das Festhalten der Theologie an der Freiheit und Souveränität Gottes führte zu einer Spannung mit der Naturwissenschaft. Bis tief ins 19. Jahrhundert wurde so das Verhältnis von Naturwissenschaft und Theologie belastet. Das Ergebnis war eine Pattsituation: „So gelang den Kräften des Rationalismus, des Deismus und des Materialismus zwar kein wesentlicher Einbruch in das Gefüge des dogmatischen Schöpfungsdenkens, aber die Theologie brachte es ihrerseits genauso wenig zuwege, in die Front des Unglaubens und des Irrtums einzudringen."[62]

Genau zu einem solchen Einbruch ist es aber beim Programm der Entmythologisierung der Bibel gekommen, denn unkritisch, manchmal geradezu naiv, wurde die rationalistische Sicht der Naturwissenschaften in das Glaubensverständnis übertragen. Ich werde hierbei auf die beiden bedeutendsten theologischen Werke des 19. und 20. Jahrhunderts eingehen – bedeutend in dem Sinn, dass sie wie keine anderen ein Echo hervorgerufen haben. Es geht um das „Leben Jesu" von David Friedrich Strauß (1808–1874) und „Neues Testament und Mythologie" von Rudolf Bultmann (1884–1976). Zuvor lege ich dar, welche Auswirkungen die Entmythologisierung der Heiligen Schrift hatte, um dann detailliert zu erörtern, wie es dazu kam und was die Voraussetzungen hierfür waren. Vorab kann schon mit den Worten der Österreichischen Bischofskonferenz in ihrem Pastoralschreiben vom 16. Januar 1967 gesagt werden, dass es „hierbei nicht mehr um die Verfeinerung der Methode [ging], sondern um die Auflösung der Substanz".[63] Dies hatte dramatische Folgen für die Glaubenspraxis vieler Menschen der damaligen Zeit.

Prof. Dr. Dr. H. Mühlen war Professor für Dogmatik an der Theologischen Fakultät in Paderborn und ein Pionier der „Charismatischen Erneuerung", als diese Anfang der 70er-Jahre nach Europa und Deutschland kam. Vieles war neu und aufregend an diesem Aufbruch, der die Kirche erfasste, besonders auch die charismatischen Phänomene, die sich hierbei manifestierten; diese verlangten aber nach theologischen und biblischen Klärungen. Es ist das Verdienst von Mühlen und anderen, dafür offen zu sein, sie aber zugleich fundiert theologisch zu betrachten und einzuordnen. In dem kleinen, bis heute noch lesenswerten Buch „Erfahrungen mit dem Heiligen Geist. Zeugnisse und Berichte", das er herausgegeben hat, werden interessante Lebensgeschichten einzelner Personen sowie Veränderungen im Leben einer Pfarrei geschildert. Als die „Charismatische Erneuerung" nach Deutschland kam, war zugleich ein Höhepunkt der Entmythologisierung erreicht, der nicht folgenlos blieb. Berührend ist das Zeugnis eines 43-jährigen Religionslehrers, der von sich sagte, dass er in einer ganz normalen christkatholischen Familie aufgewachsen sei. Morgen- und Abendgebete seien selbstverständlich gewesen wie auch das Tischgebet. Taufe und Firmung gehörten noch wie selbstverständlich zum Glaubensleben dazu. Die Erstkommunion war ein Fest. Die Mutter half bei der Vorbereitung der ersten Beichte. Der Sakramentenempfang war selbstverständlich, ebenso wie der sonntägliche Kirchgang. Als Religionslehrer bereitete er die Kinder auf den Empfang der Erstkommunion vor. „Viele Jahre war ich Organist und Chorleiter ... Ich tat es mit tausend Freuden. – Und dennoch starb ich nach und nach ab! Mein Eifer wurde müde, mein Glaube immer kleiner." Er ärgerte sich über Pastoren, die nicht nach dem Wort lebten, das sie verkündeten. Sie predigten Wasser, tranken aber Wein. Was aber dann entscheidend für den Zusammenbruch seines Glaubenslebens war, beschreibt er so: „Es kam die große Entrümpelung der Bibel, eine alles wissende Bibelauslegung, die ‚Entmythologisierung'. Nichts blieb verschont, alles wurde angezweifelt, hinterfragt, auf Echtheit abgeklopft. Es gab ungeheuerliche Aussprüche! Von Leuten mit kirchlichem Lehrauftrag. Hier verloren alle Festpunkte meines Glaubens ihre Stärke. Unsicherheit und Zweifel breiteten sich aus. Der Religionsunterricht wurde ausgehöhlt. *Verkündigung war nicht mehr gefragt,* nur noch ein unverbindliches Angebot in Sachen Religion ... Der Mann, der mir unter Aufwendung aller seiner Kräfte solches beibrachte, war katholischer Theologe. Die Überreste meines Glaubens brachen zusammen. Ich sah, wie junge Theologiestudenten wegliefen, ich sah, dass angesehene Priester alles hinwarfen und ihren Beruf aufgaben."[64]

Es handelt sich hierbei um ein Beispiel von vielen. Nicht wenige machten in dieser dramatischen Umbruchszeit ähnliche Erfahrungen, auch ich selbst bei entsprechenden Vorlesungen. Etliche, die damals im Priesterseminar waren, haben diese Spannungen nicht mehr ausgehalten und sind ausgetreten. Ich war von den meisten überzeugt, dass sie eine Berufung hatten, die aber verloren gegangen war. Ein Professor begann damals seine Vorlesung mit folgenden Worten: „Vergessen Sie alles, was Sie bisher von der Bibel und vom Glauben wussten. Ich sage Ihnen, wie es wirklich war!" Die Exegese war damals eine Art Superwissenschaft, die über allen anderen theologischen Disziplinen stand und diese dominierte. Besonders für das Fach der Dogmatik hatte man nur anzüglichen Spott übrig, denn diese würde die Bibelstellen nicht in ihrem Zusammenhang erfassen und deshalb falsche Schlüsse ziehen. Außerdem seien viele Worte nicht wirklich von Jesus, sondern nur Gemeindebildung. Das große Wort hieß damals „Entmythologisierung"; das heißt, die Bibel, besonders das Neue Testament, sollte von ihrer mythologischen Prägung befreit werden, um zur eigentlichen Aussage vorzustoßen. Dabei blieb aber kaum noch etwas vom traditionellen biblischen Glauben stehen – mit verheerenden Folgen; besonders in den 70er-Jahren hat sich das ausgewirkt, was man bei der Lektüre der damaligen einschlägigen theologischen Literatur leicht erkennen kann. Von den Nachbeben dieser Zeit waren meine Mitstudenten und ich in den 80er-Jahren aber noch betroffen. Eine Konsequenz waren Parteien- und Lagerbildungen, die leider oft nicht mehr Ausdruck einer gesunden Spannung waren, sondern von Gegensätzen, die nicht mehr miteinander versöhnt werden konnten. Sogar der protestantische Dogmatiker Karl Barth warnte in den 60er-Jahren vor „katholischen Bultmännern". Davon blieb auch der oben erwähnte Lehrer nicht verschont: „Ich wollte nicht mehr länger einer muffigen Traditionskirche angehören, erst recht nicht einer Gesetzesreligion aus längst vergangenen autoritären Zeiten.

Ich konnte es nicht mehr ertragen, wenn es hieß: Du sollst! Ich wurde nach und nach wild gegen jedes Gebot ... schimpfte auf die Kirche, lehnte mich auf gegen Amt und Lehre, nannte sie rückständig und verstaubt, fand sie *überholt und ohne Vollmacht*. Mein Kritisieren hatte zur Folge, dass ich mich ihr immer mehr entfremdete. Bis ich draußen stand ... Vor mir selbst und vor anderen Menschen nannte ich diesen Zustand Freiheit! Aber es war eine Freiheit ohne Freude ... Es kam so weit, dass ich nicht mehr zur Kirche ging. Ich mied die Beichte über Jahre, ich mied den Gottesdienst. *Ich betete nicht mehr* ... Es kam dahin, dass ich den Namen Jesus Christus nicht mehr aussprechen konnte. Mein Mund wurde einfach steif, meine Seele lahm. Es ging nicht mehr. Das war das absolute Ende. Jetzt war ich geistlich tot. Ich wusste das und war unglücklich."[65]

Ich kenne heute kaum einen Kirchenkritiker, der Glaubensfreude ausstrahlt. Meist begegnet man Menschen mit verbissenen Gesichtern und anzüglichem Spott, wenn es um die Kirche und Gegenwartsfragen geht. Freude und Zuversicht als Kennzeichen des Heiligen Geistes? Fehlanzeige! „Die Kirche hätte jetzt noch eine letzte Chance, sich zu reformieren. Wenn dies jetzt nicht geschieht, wird es ihr Ende sein." Ein geradezu apokalyptisches Szenario aus dem Mund von Menschen, von denen man es nicht erwarten würde.

Als die Mutter des Lehrers schon im Sterben lag und das Bewusstsein verloren hatte, kam sie kurz noch einmal zu sich und fragte ihn: „Junge, warum bist du so gottlos geworden?" Nach diesen Worten starb sie. Durch die Begegnung mit Vertretern der „Charismatischen Erneuerung" fand er langsam, aber doch stetig zum Glauben seiner Kindheit zurück. Durch eine besondere Gnade Gottes konnte er die Sakramente der Kirche und den Gottesdienst mit neuer

Intensität erleben und mitfeiern. Wie konnte es aber so weit kommen, dass ihm und anderen der Boden unter den Füßen weggezogen wurde?

In der heutigen Kritik an Wundern und der Möglichkeit eines übernatürlichen Einwirkens überhaupt werden oft nur die aus der Geschichte sattsam bekannten Argumente einer liberalen und rationalistischen Theologie unter anderer Verkleidung wiederholt. Die zeitgenössische Exegese weist kaum über die von B. Spinoza (1632–1677) und D. F. Strauß (1808–1874) eingebrachten Modelle hinaus. Dies wird verständlich, wenn man bei Strauß die Unterscheidung zwischen idealer und historischer Geltung, seine Ausführungen zum Mythos, den er als unhistorische Erzählung definiert, und die von ihm betriebene Literarkritik beachtet. Das eigentliche Motiv seiner Wunderkritik formuliert er so: *„Wer die Pfaffen aus der Kirche schaffen will, der muss erst das Wunder aus der Religion schaffen."*[66] Das war der entscheidende Beweggrund seiner Forschungsarbeiten, seine feindselige Einstellung Vertretern seiner evangelischen Kirche gegenüber. Die Entmythologisierung der Heiligen Schrift war das Mittel dazu. Dazu greift er besonders auf Vorstellungen von Spinoza zurück. Dieser spricht in dankenswerter Klarheit aus, um was es geht: „Hier dagegen, bei den Wundern, ist das, was wir suchen (ob man nämlich zugeben kann, dass etwas in der Natur geschehe, was ihren Gesetzen widerstreitet oder sich nicht aus ihnen herleiten lässt), etwas rein Philosophisches."[67] Er geht von den Grundlagen aus, „die durch das natürliche Licht zu erkennen sind".[68] Wenn sich etwas in der Heiligen Schrift findet, was den Naturgesetzen widerstreitet, dann muss es von Frevlerhänden dort eingefügt worden sein: „Denn was gegen die Natur ist, ist auch gegen die Vernunft, und was gegen die Vernunft ist, ist widersinnig und dann auch zu verwerfen."[69] Spinoza definiert die Vorsehung ausdrücklich als die Ordnung der Natur.[70] Seit Spinoza ist die Aussage, „ein Wunder könne keine Durchbrechung der Naturgesetze sein … zum unantastbaren Tabu in der Theologie geworden".[71] Damit ist ein unmittelbares Tätigwerden Gottes in seiner Schöpfung nicht mehr möglich; die Vorsehung Gottes ist erledigt.

Trotz der großen Wirkung Spinozas auf die spätere Theologiegeschichte soll nicht auf ihn, sondern auf Strauß und Bultmann näher eingegangen werden, teils weil diese sich detaillierter zum philosophischen Vorentscheid ihrer Forschungsarbeiten äußerten, nur das gelten zu lassen, was naturwissenschaftlich möglich ist, teils weil sie untereinander zusammenhängen und unserer Zeit näherstehen. Der von Strauß und Bultmann gegen die Vorsehung und das Wunder erhobene Einspruch wird im Wesentlichen genährt vom neuzeitlichen naturwissenschaftlichen Wirklichkeitsverständnis.

„Das Leben Jesu" von Strauß ist 1835 herausgekommen und hat in den verschiedenen Ausgaben wesentliche Veränderungen erfahren. Es ist sicher das markanteste, wenngleich nicht das erste Werk einer entmythologisierenden Bibelauslegung. Wie kein anderes theologisches Buch im 19. Jahrhundert hat es eine Reaktion hervorgerufen. Das Echo belegt dies: 40 bis 50 Gegenschriften erschienen in nur fünf Jahren nach der Veröffentlichung. „Es wird … hier von Strauß genau das Programm entworfen, das von Teilen der evangelischen Universitätstheologie unseres Jahrhunderts bis zum heutigen Tag durchgeführt worden ist und bald auch von katholischen Theologen übernommen wurde."[72] Strauß hatte klar erkannt, dass man bei der Erforschung des Neuen Testamentes keineswegs Archäologie treibt, geleitet von einem nur historischen Interesse. Es war ihm bewusst, dass seine Forschungsergebnisse unmittelbare Auswirkungen auf die Gegenwart haben würden, denn der Forschende ist keineswegs nur historisch interessiert.[73] Wer das Wunder im Neuen Testament aus prinzipiellen Gründen ablehnt, tut dies ebenso für jene im Lauf der Kirchengeschichte und umgekehrt.

Um die Wunder „mythisch verdampfen"[74] zu lassen, bedient er sich des Überbietungsmotivs, wonach die Wundertaten der beiden Propheten Elija und Elischa die Vorlagen gewesen sein sollen für die Wunder Jesu. Wunderberichte sind für ihn ein Produkt der gläubigen Gemeinde, um Jesus als endzeitlichen Propheten hochjubeln zu können. Diese Argumente sind mir nur allzu bekannt aus vielen exegetischen Vorlesungen. Ich war erstaunt zu erfahren, dass die Argumente, die wir hörten und die uns als der neueste Stand der Forschung vermittelt wurden, schon über 150 Jahre alt sind! Von der Sache her hat sich kaum etwas verändert, allenfalls die sprachliche Einkleidung. Eigentlich federführend in seiner Argumentation ist allerdings, wie schon bei Spinoza, der rationalistische Vorentscheid, dass es Wunder gar nicht gegeben haben könne. Er geht von der Überzeugung aus, „dass Alles, was geschehen, natürlich geschehen, dass auch der ausgezeichnetste Mensch doch immer nur Mensch gewesen ist, dass es folglich auch mit allem dem, was in der Urgeschichte des Christenthums jetzt als vermeintliches Wunder die Augen blendet, in der Wirklichkeit nur natürlich zugegangen sein kann".[75] Strauß will seine Argumentation auf zwingende historische Glaubwürdigkeit aufbauen. „Vernunft und Erfahrung"[76] sind die Ausgangsbasis dafür. Jesus könne deshalb niemals dem Gesetz der Schwerkraft zum Trotz auf dem Wasser gewandelt sein, durch einen bloßen Segensspruch Nahrungsmittel vermehrt, Wasser in Wein verwandelt und Tote ins Leben zurückgerufen haben, „denn allen dergleichen Erfolgen pflegen wir sonst nur im Gebiete des Mährleins oder des Aberglaubens, niemals auf dem Boden der Geschichte zu begegnen".[77] „Undenkbarkeit" wird für ihn zum Wahrheitskriterium für die Offenbarungsgeschichte.

Eine beachtliche Spiritualisierung ist die Folge: Die Geistesreligion bleibe nach ihm selbst ungeistig, das Christentum jüdisch gefasst, wenn es als etwas der Menschheit von außen her Gegebenes, Christus als vom Himmel Gekommener und die Kirche als eine Anstalt zur Entsündigung der Menschen durch sein Blut betrachtet werde. Das Christentum sei erst dann wirklich christlich verstanden, wenn es zur eben skizzierten Geistesreligion vorstoße, wenn die Menschheit erkenne, „dass Jesus nur derjenige Mensch ist, in welchem dieses tiefere Bewusstsein zuerst als eine sein ganzes Leben und Wesen bestimmende Macht aufgegangen ist, dass Entsündigung eben nur im Eingehen in diese Gesinnung ... zu finden ist". Nur dies sei das „Wahre und Bleibende am Christenthum, alles Andere nur verwesliche und schon halb verweste Hülle".[78] Die messianischen Machttaten Jesu werden auf rein geistiger Ebene ausgedeutet: Den *geistig* Blinden öffnete Jesus die Augen und den *sittlich* ganz Erstorbenen schenkte er neues Leben. In einer fiktiven Rede lässt er diesen sagen: „Wer einsieht, wie viel mehr Werth diese geistigen Wunder sind, der wird an dem Mangel der leiblichen keinen Anstoß nehmen; nur ein solcher aber ist auch für das Heil, das ich der Menschheit bringe, sowohl empfänglich, als desselben würdig."[79] Ähnliches gelte für die Erscheinungen des Auferstandenen, denen er jegliche äußere Manifestation abspricht. Die Auferstehung wird verlagert auf ein Glaubenserlebnis der Jünger. „Nein, sagt der Historiker mit Recht, nur das muss anerkannt werden, dass die Jünger fest geglaubt haben, Jesus sei auferstanden; das reicht aber auch vollkommen hin, ihr weiteres Auftreten und Wirken begreiflich zu machen; worauf jener Glaube beruhte, was das Thatsächliche an der Auferstehung Jesu war, das ist eine offene Frage, die der Forscher so oder so beantworten mag, ohne dass dadurch der Ursprung des Christenthums schwerer oder leichter begreiflich würde."[80]

Ähnlich wie Bultmann später betont Strauß paradoxerweise einen Vertrauensglauben, dem durch die vorher erbrachten „Beweise" jegliche Grundlage entzogen wurde: „Den inneren Kern des christlichen Glaubens weiß der Verfasser von seinen kritischen Untersuchungen völlig unabhängig. Christi übernatürliche Geburt, seine Wunder, seine Auferstehung und Himmelfahrt bleiben ewige Wahrheiten, so sehr ihre Wirklichkeit als historische Facta angezweifelt werden mag."[81] Die Entwicklung von Strauß und anderen, die den gleichen Weg wie er beschritten haben, zeigt, dass eine solche schizophrene Trennung zwischen dem inneren Kern und der in Bibel und Kirche überlieferten Heilsgeschichte auf die Dauer nicht durchhaltbar ist. In seinen Büchern „Christliche Glaubenslehre"[82] wird die „Verschlammung des Pantheismus"[83] offensichtlich; fasst er doch mit Bezug auf Spinoza die Weltregierung Gottes als „die den kosmischen Kräften und deren Verhältnissen selbst immanente Vernunft"[84] auf. Die Vorsehung verkommt zur Immanenz göttlicher Kräfte und Gesetze in der Welt. Für das Universum verlangt er die gleiche Pietät, die der Fromme alten Stils seinem Gott entgegenbrachte. Das Gebet verflüchtigt sich konsequenterweise zu brahmanischer Kontemplation; der Mensch soll sich „in die kühlende Tiefe des Einen Grundes aller Dinge"[85] versenken.

In vielem ist die Situation bei Bultmann der von Strauß ähnlich; er wird von Loduchowski als „Jünger" von Strauß bezeichnet.[86] Bultmann ist zweifellos der einflussreichste neutestamentliche Exeget des 20. Jahrhunderts.[87] In Bultmanns Todesjahr (1976) schreibt Neufeld treffend über ihn: „In der exegetischen und theologischen Wissenschaft lebt sein Werk – vielleicht intensiver denn je. Seine Beiträge stecken als meist unsichtbare Fundamente im Gros jener Arbeiten, die heutzutage neutestamentliche Exegese und Theologie bestimmen."[88] Offensichtlich erfreuen sich die Arbeiten Bultmanns bzw. einige seiner Grundoptionen größerer Lebendigkeit, als man zunächst erwarten mag, auch wenn sowohl die Naturwissenschaft als auch die Theologie heute über die Problemstellungen und die Antwortentwürfe von Bultmann hinausgehen. Anhand der grundlegenden Schrift Bultmanns, „Neues Testament und Mythologie" (1941 erstmals erschienen), soll aufgezeigt werden, wie sehr das weltanschauliche Vorverständnis das Ergebnis seiner exegetischen Arbeiten im Voraus festlegte.

Bultmanns Programm der Entmythologisierung, das er in der genannten Arbeit vorgelegt hatte, stieß am Anfang auf vernichtende Kritik. Auf einem Berliner Generalkonvent wurde bedauert, dass überhaupt Papier dafür zur Verfügung gestellt worden war. H. Asmussen rechnete die Thesen Bultmanns denen der „Deutschen Christen" zu und H. J. Iwand diagnostizierte gar eine „Erscheinung von Senilität".[89] Trotzdem hat es Theologiegeschichte geschrieben und wirkt bis heute noch nach. Erledigt sind für Bultmann, weil dem mythischen Weltbild zugeordnet, die Jungfrauengeburt, die Wunder, der Geister- und Dämonenglaube, die Präexistenz und der Sühnetod Jesu, die leibhafte Auferstehung und die Erscheinungen Christi, der Abstieg Jesu in das Reich des Todes, die Himmelfahrt und die Erwartung der Wiederkunft. Mythologische Rede dieser Art ist für ihn rückführbar „auf die zeitgeschichtliche Mythologie der jüdischen Apokalyptik und des gnostischen Erlösungsmythos".[90]

Dem Menschen von heute sei die mythologische Rede unglaubhaft, weil für ihn das mythische Weltbild vergangen sei. Bultmanns Kritik geht vom naturwissenschaftlichen Weltbild und Selbstverständnis des modernen Menschen aus: „Mit dem modernen Denken … ist *die Kritik am neutestamentlichen Weltbild gegeben.*"[91] Er spricht vom „geschlossene[n] Gefüge der natürlichen Kräfte".[92] Gleiches gilt für die Geschichte mit ihrem „stetigen, gesetzmäßigen Gang"[93] und das Selbstverständnis des Menschen, „wonach er sich als geschlossene innere Einheit versteht, die dem Zugriff supranaturaler Mächte nicht offen steht".[94] Auch bei der Ablehnung einzelner traditioneller Glaubensinhalte zieht er die direkte Linie vom modernen Weltverständnis zur Entmythologisierung durch: „Erledigt ist durch die Kenntnis der Kräfte und Gesetze der Natur *der Geister- und Dämonenglaube.*"[95] Am bekanntesten ist der folgende, immer wieder zitierte Satz geworden, der anschaulich die Bultmann'sche Argumentation zum Ausdruck bringt: „Man kann nicht elektrisches Licht und Radioapparat benutzen, in Krankheitsfällen moderne medizinische und klinische Mittel in Anspruch nehmen und gleichzeitig an die Geister- und Wunderwelt des Neuen Testamentes glauben."[96]

Die von Spinoza, Strauß und Bultmann markierte rationalistische Exegese ist in breiter Front von der damaligen Theologie übernommen worden. Die bisweilen sehr entschiedene Distanzierung von der traditionellen Lehre über die Möglichkeit der Wunder ist auf zwei vorherrschende Faktoren zurückzuführen: die historisch-kritische Methode der Exegese und den Einfluss des modernen Weltbildes. Beide lassen sich aber auf ein einziges Argument reduzieren, „dass nämlich die moderne Rationalität solche göttlichen ‚Eingriffe' in eine ‚autonome' Welt nicht annehmen könne".[97] Dies ist nun näher darzulegen.

Die Geschichte der Entdeckung der naturwissenschaftlichen Erkenntnisse ist für diese Wissenschaft nur von sekundärer Bedeutung. Für den Naturwissenschaftler ist es unerheblich zu wissen, wie und unter welchen Umständen Pythagoras den nach ihm benannten Lehrsatz fand; die inhaltliche Aussage seines Satzes hat in sich eine Evidenz, die ablösbar ist von dem historischen Kontext ihrer erstmaligen Entdeckung. „Praktisch genau nach diesem ungeschichtlichen Modell der Naturwissenschaften werden heute weithin exegetische Erkenntnisse aufgefasst, als seien sie eine Summe fester Ergebnisse – ein unumstößlich erworbenes Wissen, das seine eigene Geschichte als Vorgeschichte hinter sich gelassen hat und ähnlich wie Messdaten verfügbar ist. Aber die Messdaten des Geistigen sind nun einmal anders als die Messdaten des Körperlichen; sie als geschichtsenthobene Gewissheiten aufzufassen, heißt, sie von Grund auf verkennen. Wer ein Jahrhundert Exegese verfolgt, wird feststellen, dass sich die ganze Geistesgeschichte dieser Zeit darin spiegelt."[98] Die christliche Offenbarungsreligion, die sich auf geschichtliche Ereignisse gründet, kann sich nicht von diesen emanzipieren. Wenn Entmythologisierung betrieben wird als „Enthistorisierung" und „Entgeschichtlichung",[99] ist das ihrem Wesen fremd. Sie ist bleibend verwiesen auf das Christusereignis, auf die Fülle der Zeit (Mk 1,15), die zwar immer tiefer ausgeschöpft, aber nie prinzipiell hinter sich gelassen werden kann. Das Zentraldogma des Christentums, die Inkarnation des Gottessohnes, könnte sonst nicht mehr in seiner vollen Bedeutung erfasst werden mit allen Konsequenzen, die sich daraus ableiten.

Damit wird schon ein weiteres Problem sichtbar, das sich aus dem Fortschritt der Naturwissenschaften ergibt. Wer sich zu nahe an den wissenschaftlichen Erkenntnistypus anlehnt, gerät in die Gefahr, sich dem gegenwärtigen Wissensstand zu verschreiben und nur von ihm her seine Beurteilungskriterien zu beziehen. Da die Naturwissenschaft schon manchen Paradigmenwechsel hinter sich hat, bleibt eine ihr assoziierte Theologie davon nicht verschont. Wer etwa wie Bultmann in wesentlichen Punkten seines Denkens auf das naturwissenschaftliche Weltbild des 19. Jahrhunderts aufbaut, braucht sich nicht zu wundern, wenn die Fundamente seiner Theologie aufgrund neuer Erkenntnisse der Naturwissenschaften einstürzen.[100]

Zusammenfassend lässt sich sagen, dass die Verwiesenheit der Naturwissenschaften auf das Experiment und damit auf in der Gegenwart abfragbares Wissen den Unterschied zu den Geschichtswissenschaften deutlich macht, die sich mit dem geschichtlich Einmalig-Unableitbaren auseinanderzusetzen haben. Der Wunsch nach unzweifelbaren Gewissheiten einer historischen Grundlagen verpflichteten Wissenschaft entpuppt sich somit als illusionär. Kennzeichnet es nicht gerade die theologische Wissenschaft, offen zu sein für das Wirken Gottes und mit dessen Möglichkeiten zu rechnen – oft gegen alle Erwartung und jeden Augenschein? Von daher ist wenig verständlich, warum der methodische Atheismus in derart breiter Front in die Theologie übernommen wurde. Problematisch ist ferner der Fortschrittsgedanke der Naturwissenschaften, der frühere Wissensdaten und Grundeinsichten zwar nicht ganz zu verwerfen braucht, aber doch in einer Weise hinter sich lassen kann, wie dies in der Theologie als Glaubenswissenschaft so nicht möglich ist.

Bei der Vorstellung von einer nach außen abgedichteten Immanenz handelte es sich um eine überholte philosophische Weltsicht des vorletzten Jahrhunderts, die auch aus Sicht der heutigen Wissenschaft veraltet ist. Deshalb sahen sich die deutschen Bischöfe 1967 genötigt, angesichts des Hochkommens einer entmythologisierenden Schriftauslegung davor zu warnen, dem modernen Weltbild die Rolle eines Beurteilungskriteriums für die Offenbarungsurkunden zuzusprechen: „Obwohl man nach manchen Äußerungen zunächst anderes vermuten könnte, handelt es aber bei dem, was jene theologische Richtung als Weltbild versteht, nicht eigentlich um ein physikalisches Weltbild, sondern um eine philosophische Weltanschauung, in deren Namen biblische Aussagen kritisch abgeurteilt werden. Als Kriterium fungiert bei ihr das Weltbild der geschlossenen Naturkausalität des nach außen abgedichteten Universums, das Weltbild der Immanenz, nach welchem in der Welt nichts Außer- oder Übernatürliches am Werk sein kann, in dem es also, wenigstens folgerichtig, auch für Gott keinen Raum und keine Wirkmöglichkeit gibt."[101] Durch die Quantenphysik wurde so etwas wie ein Ermöglichungsraum von Freiheit wieder ansichtig. Bultmanns deutlich vom naturwissenschaftlichen Denken des 19. Jahrhunderts bestimmte Redeweise vom geschlossenen Weltbild – wir haben gesehen, dass sie den Kern seiner Argumentation darstellt – ist deshalb heute überholt. Mit Kant teilte er einen übertriebenen Glauben an die Enge und Starrheit der „innerweltlichen" Kausalität und stand unter dem Zwang, der wissenschaftlichen Weltanschauung mehr Platz einzuräumen, als die Wissenschaft selbst verlangt.[102] Zudem ist Bultmanns häufige Rede vom modernen Menschen und naturwissenschaftlichen Weltbild äußerst zwiespältig und relativ; bei beiden wird eine Einheit und Eindeutigkeit suggeriert, die so gar nicht existiert.[103] Das wissenschaftliche Weltbild gibt es genauso wenig wie das antike. Das Wissen um die Vielgestaltigkeit und Pluralität der Wissenschaften schlägt sich auch in unterschiedlichen Weltsichten nieder. Schon den

Theologen der alten Kirche kam das Weltbild des Alten Testamentes genauso unwissenschaftlich vor wie uns; „die Kirchenväter lebten im hellenistischen Zeitalter, dem jenes Weltbild [des Alten Orients] als mythisch, vorwissenschaftlich, in jeder Hinsicht untragbar erschien".[104] Die relative Unabhängigkeit der Offenbarung vom Weltbild hat Scheffczyk überzeugend nachgewiesen.[105]

Was hat mich damals „immunisiert" gegen eine solche Herangehensweise bei der Interpretation biblischer Texte? Es war besonders ein Buch mit dem Titel „Das Leben der Heiligen" von Prof. Dr. Bitschnau (Erscheinungsjahr 1880 in der 34. Auflage), das ich von meinem Großonkel, der Priester war, bekommen hatte. Die altdeutsche Frakturschrift war für mich nicht leicht zu lesen und wirkte antiquiert. Dennoch habe ich als 16-Jähriger jeden Tag das Leben des Tagesheiligen gelesen und mit Erstaunen festgestellt, dass Wunder, Visionen, ja sogar Totenauferweckungen, das Übernatürliche und vieles, was in der Apostelgeschichte berichtet wird, bei ihnen ständig vorkommen. Es kann also nicht sein, zumal wenn es sich um Heilige der jüngeren Kirchengeschichte handelt, dass ihre Biografie entmythologisiert werden kann, denn sie ist bestens belegt. Wenn dies schon bei den Heiligen vorkommt, warum sollten dann Wunder und Zeichen in der Heiligen Schrift, besonders bei Jesus, prinzipiell ausgeschlossen sein? „Studiere eifrig das Leben der Heiligen, und du wirst dich Gott mit Riesenschritten nähern", hatte Papst Johannes XXIII. einmal gesagt, und er hatte recht. Wenn bei Don Bosco (1815–1888) Zeugen anwesend waren und einen Eid darauf ablegten, dass er an 300 Jugendliche aus einem kleinen Körbchen Brot verteilt hat, wenn sich also das Wunder der Brotvermehrung vor ihren Augen ereignete, dann ist das kein Mythos. Wenn der hl. Pfarrer von Ars fast jede Nacht vom Teufel heimgesucht wurde, junge Burschen im Dorf das nicht geglaubt haben und deshalb in seiner Nähe blieben, aber plötzlich die Präsenz von etwas unsagbar Bösem gespürt haben, sodass sie geflohen sind, dann ist das keine Mythologie; es ist Realität. Die Mächte der Finsternis existieren. Wir mögen uns von ihnen verabschieden, sie sich aber nicht von uns. Die Präsenz des hl. Padre Pio von Pietrelcina (1887–1968) an mehreren Orten gleichzeitig ist gut bezeugt. Gott hatte ihm die Gabe der Bilokation geschenkt. Dies sind nur einige Beispiele von vielen anderen.

Wie bei dem Religionslehrer bin ich überzeugt, dass mich das Gebet vieler Menschen, besonders das meiner Mutter, durch diese schwierige Zeit getragen hat. Es hatte allerdings zur Folge, dass ich viele Jahre innerlich von der biblischen Exegese Abstand nahm. Wenn dies das Ergebnis eines Theologiestudiums ist, dann sollte das nachdenklich stimmen. Erst durch Exerzitien bei P. Hans Buob SAC (* 1934), der sich bei seinen Ausführungen oft auf den griechischen Text des Neuen Testamentes bezog, wurde mein Interesse daran wieder geweckt. Ich habe wieder begonnen, mit Freude die Originaltexte im Griechischen zu lesen, und bereite mich bis heute damit auf meine Predigten vor, wenn meine Zeit mir das erlaubt. Einige Standardwerke gegenwärtiger Bibelauslegung von renommierten Bibelgelehrten gehören als fortwährende Lesung zu meinem täglichen geistlichen Repertoire. Einiges ist davon auch in dieses Buch eingeflossen. In diesem Sinn bin ich in den letzten Jahren evangelischer geworden, nicht in Bezug auf die Konfession, sondern im Sinne von Ausgerichtetsein auf das Evangelium.

Bultmanns grundlegende Schrift „Neues Testament und Mythologie" war von Zeitgeisthörigkeit durch eine Fixierung auf ein vorwissenschaftliches Weltverständnis des 19. Jahrhunderts geprägt. Das darf aber nie Grundlage einer

authentischen Bibelauslegung sein. Nach diesen zeitgeschichtlichen Analysen werde ich im Folgenden auf die
biblischen Grundlagen eingehen, näherhin zunächst auf die
des Alten Testamentes, nachdem bisher die Vorsehungsliteratur zum Ersten Weltkrieg, das Verhalten der „Deutschen Christen" in der Nazizeit und die Entgegnung Bonhoeffers in seiner Schrift „Nachfolge" sowie das Programm
der Entmythologisierung von Strauß und Bultmann erörtert
wurden.

4.

Der Dornstrauch wird ein Royal

Als die Israeliten wie alle anderen Völker sein wollten

Die Kirche soll anschlussfähig sein und die gesellschaftlichen Wirklichkeiten in dem Sinn akzeptieren, dass sie sich ihnen angleicht. Das ist eine Grundforderung, die immer wieder erhoben wird und von der Offenbarung her zu reflektieren ist. Die Kirche wusste immer, dass sie auf der Höhe der Zeit sein muss. Beim Zweiten Vatikanum war ein Leitwort *Aggiornamento* – darin steckt das Wort *giorno* („Tag"). Anliegen des Konzils war es, die Kirche auf den Stand des Tages, der Zeit zu bringen. Das bedeutet jedoch nicht, sich der Welt und dem Zeitgeist anzupassen. Es geht darum, ob die Kirche sich am Zeitgeist oder am Heiligen Geist der Zeit orientiert.

„Auch wir wollen wie alle anderen Völker sein. Unser König soll uns Recht sprechen, er soll vor uns herziehen und soll unsere Kriege führen" (1 Sam 8,20). Mit dieser Forderung treten die Israeliten an den Richter Samuel heran. Hintergrund war, dass seine Söhne als dessen Nachfolger das Recht beugten; sie waren parteiisch und bestechlich. Das sollte sich durch ein institutionelles Königtum ändern. Dieser war darüber jedoch nicht erfreut. Er legte ihnen die Rechte des Königs dar mit Worten, die er von Gott empfangen hatte: Ein König wird die Söhne der Israeliten in Dienst nehmen für seine Wagen und Pferde, besonders wenn es zu kriegerischen Auseinandersetzungen kommt. Außerdem werden sie das Ackerland pflügen und die Ernte einbringen sowie Kriegsgeräte anfertigen. Die Töchter werden Salben zubereiten, kochen und backen. Die besten Felder, Weinberge und Ölbäume werden ihnen genommen und den Beamten gegeben werden. Mit der Erhebung des Zehnten werden die Staatsbeamten bezahlt. „Ihr selber werdet seine Sklaven sein" (1 Sam 8,17). Die Israeliten werden zum Herrn um Hilfe schreien, wenn der König das einfordert, aber er wird nicht für sie eintreten. Obwohl ihnen das alles detailliert vorgelegt wurde, antworteten die Israeliten so: „Nein, ein König soll über uns herrschen. Auch wir wollen wie alle anderen Völker sein" (1 Sam 8,19f.). Mit dem „wie alle anderen Völker sein" bezogen sie sich auf die Stadtstaaten in Kana, die Großmächte im Norden im Zweistromland und die mächtigen Pharaonen in Ägypten; ihnen wollten sie gleich werden.

Der Wunsch, wie alle anderen Völker sein zu wollen, hat direkt etwas mit der Berufung Israels zu tun, denn genau das war nicht der Auftrag des auserwählten Volkes Gottes. Es sollte eben nicht so sein wie alle anderen Völker, sondern sich von diesen unterscheiden als ein Königreich von Priestern und als ein heiliges Volk, das Gottes besonderes Eigentum sein sollte (Ex 19,6). Ein irdischer König würde das Königtum Jahwes verstellen, nicht auf dessen Weisungen hören und sozial unnütz sein. „Heilig" heißt per definitionem ausgesondert, in den Bereich Gottes hineingestellt zu sein, um von dort her wieder zu den Menschen gesandt zu werden mit dem Auftrag, ein Leben nach Gottes Weisungen zu führen. Die Auserwählung des Volkes Israel manifestierte sich darin, dass Gott ihr König war und nicht ein weltlicher Herrscher, aber auch in vielen anderen Gegebenheiten wie der Sozialordnung, die Gott seinem Volk geschenkt hat. Sie sollte das gesellschaftliche Miteinander regeln und für einen sozialen Ausgleich sorgen.

Gott wollte, dass es im Land keine Armen gebe und soziale Gerechtigkeit herrsche (Dtn 15,4). Dazu ordnete er in der Tora, worunter man im engeren Sinn die ersten fünf Bücher der Heiligen Schrift verstand, im weiteren Sinn die Kultur und Ethik des jüdischen Volkes, die Sabbat- und Jubeljahre an. Alle sieben Jahre sollte in Entsprechung zum wöchentlichen Sabbattag ein Sabbatjahr und alle 50 Jahre ein Jubeljahr ausgerufen werden. Im Sabbatjahr sollten die Schuldknechte freigelassen (Dtn 15,12–18) sowie Äcker und Weinberge brachliegen gelassen werden. Das Land durfte nicht bestellt werden. Sämtliche Schulden wurden erlassen (Dtn 15,1–4). Im Hebräischen bedeutet *ŝabat* „innehalten". Es sollte eine Zeit der Stärkung des sozialen Miteinanders und der geistlichen Vertiefung sein durch das Bedenken und Verinnerlichen der göttlichen Offenbarung. Eine besondere Bedeutung hat das Jubeljahr, das eigentlich Jobeljahr heißt und in wörtlicher Übersetzung *„Hornlärm"* bedeutet. Nach sieben Perioden von Sabbatjahren wurde dieses auf Anordnung Jahwes ausgerufen (Lev 25,8–34). In diesem Jahr sollte jeder Israelit, der sich aus Not als Sklave verkauft hatte, wieder freigelassen und jedes verkaufte Stück Land musste dem ursprünglichen Eigentümer zurückgegeben werden. Kaufverträge waren praktisch nur Pachtverträge. Hinter dieser wirtschaftlichen und sozialen Gesetzgebung steht die Auffassung, dass der Mensch frei ist und seine Freiheit nie endgültig verlieren kann. Das Land ist Eigentum Gottes. Er hat es den Israeliten geschenkt; deshalb kann es nicht endgültig verkauft werden. Der Beginn des Jubeljahres fällt mit dem Versöhnungstag zusammen. Damit wird deutlich, dass mit dem Schuldenerlass auch die Sündenvergebung verbunden ist. Die Ankündigung eines solchen Jubel- und Gnadenjahres war eine Frohe Botschaft (Evangelium). Wenn jemand durch unglückliche Umstände, einen Unfall oder durch Krankheit gezwungen war, sein Land als seinen einzigen Besitz zu veräußern, war dies kein Zustand, der immer so bleiben musste. Es war garantiert, dass das Land ihm wieder zuteil- und ein neuer Anfang ermöglicht wurde. Die meisten Theologen sind sich aber einig: Das Gesetz war gut, aber es wurde praktisch nie durchgeführt. Die Mächtigen, welche die Ackerbrachen aufgekauft hatten, wussten das offensichtlich zu verhindern. Sie hatten kein Interesse daran, das erworbene Land wieder zurückzugeben. Dass sie sich damit gegen eine göttliche Weisung stellten, ignorierten sie. Die Rückgabe war jedoch eine Grundintention dieser göttlichen Gesetzgebung. Dass es somit zu einem Ausgleich gekommen wäre und keine Armen mehr im Land gegeben hätte, wurde dadurch verhindert. Schon im Buch Deuteronomium heißt es, dass es „eigentlich" (Dtn 15,4) keine Armen mehr hätte geben sollen. Das Volk Israel sollte sich durch diese Sozialgesetzgebung von den anderen Völkern abheben, bei denen sich niemand wirklich und nachhaltig der Armen annahm.

Wenn das Volk es so will, gewährt es ihnen der Herr: „Hör auf die Stimme des Volkes in allem, was sie zu dir sagen. Denn nicht dich haben sie verworfen, sondern mich haben sie verworfen: Ich soll nicht mehr ihr König sein" (1 Sam 8,7). Schon bevor die Forderung nach einem König an Samuel herangetragen worden war, hat es diese schon gegeben, und zwar bei Abimelech, dem Sohn Jerubbaals. Er wurde König über Sichem (Ri 9,6). Um seine Herrschaft zu sichern, hatte er unmittelbar zuvor seine 70 Halbbrüder aus dem Harem seines Vaters durch eine angeworbene Söldnertruppe umbringen lassen. Allein schon diese Umstände weisen in keine gute Zukunft, da Abimelech mit einer beispiellosen Gewalttat an seiner eigenen Familie das Königtum an sich reißen wollte. Nur Jotam, der jüngste Sohn Jerubbaals, entkam dem Massaker, weil er sich versteckt hatte. Auf dem Berg Garizim rief er mit erhobener Stimme den Bürgern von Sichem zu: „Einst gingen die Bäume hin, um sich einen König zu salben, und sie sagten zum Ölbaum: Sei du unser König! Der Ölbaum sagte zu ihnen: Habe ich etwa schon mein Fett aufgegeben, das Götter und Menschen an mir ehren, und werde hingehen, um über den Bäumen zu schwanken? Da sagten die Bäume zum Feigenbaum: Geh du hin, sei unser König! Der Feigenbaum sagte zu ihnen: Habe ich etwa schon meine Süßigkeit und meine guten Früchte aufgegeben und werde hingehen, um über den Bäumen zu schwanken? Da sagten die Bäume zum Weinstock: Geh du hin, sei unser König! Der Weinstock sagte zu ihnen: Habe ich etwa schon meinen Most aufgegeben, der Götter und Menschen erfreut, und werde hingehen, um über den Bäumen zu schwanken? Da sagten alle Bäume zum Dornenstrauch: Geh du hin, sei unser König! Der Dornenstrauch sagte zu den Bäumen: Wenn ihr mich wirklich zu eurem König salben wollt, kommt, bergt euch in meinem Schatten! Wenn aber nicht, dann soll vom Dornenstrauch Feuer ausgehen und die Zedern des Libanon fressen" (Ri 9,8–15).[106] In diesem streng aufgebauten Text mit vier Strophen werden die Zustände der Menschenwelt beschrieben. Die Pointe kommt wie bei einem guten Witz am Schluss. „Das Bildmaterial des Gleichnisses ist sorgfältig gewählt: Zunächst Ölbaum, Feigenbaum und Weinstock – dann abgehoben davon in der 4. Strophe der Dornenstrauch. Ölbaum, Feigenbaum und Weinstock gehörten in der mediterranen Welt wirtschaftlich wie zivilisatorisch zu den wichtigsten Lebensgrundlagen. Dem gegenüber galt der Dornenstrauch als nutzlos. Höchstens für Umzäunungen oder als Brennholz war er zu gebrauchen."[107] In streng stilisierter Form weisen die ersten drei Bäume geradezu entrüstet das Ansinnen zurück, König zu werden. Denn sie dienen dem Volk schon mit ihren Gaben von Öl, Feigen und Wein. Die Besten im Volk lehnen es ab, König zu werden. So kommen jene zum Zug, die es nicht verdienen. Dreimal hintereinander wird gefragt: Soll ich über den anderen Bäumen schwanken? Das hebräische Wort, das hier mit Schwanken übersetzt ist, hat die Grundbedeutung „sich hin und her bewegen", „umherirren", „wanken" oder „taumeln". Das Wort wird für Menschen gebraucht, die jede Orientierung verloren haben, zum Beispiel für Betrunkene (Jes 24,20; Ps 107,27).[108] Das Königtum wird lächerlich gemacht, denn es ist sozial unnütz mit seinen bombastischen Königsritualen, die letztlich niemandem nützen. Letzten Endes haben die meisten Könige Israels nur sich selbst gedient, nicht aber dem Volk. Das zeigt sich auch in der Geschichte von König Salomo am Anfang des Königtums in Israel. Er hat den Tempel gebaut und zugleich einen Palast für sich. Die Bauzeit für beide Bauten betrug 20 Jahre. Aus den Königsbüchern wissen wir, wie viel Zeit er in den Bau des Palastes und wie viel er für den Tempel investiert hat: 13 Jahre betrug die Bauzeit für den Palast und sieben für den Tempel (1 Kön 6,37; 7,1). Für den Palast wurde also fast die doppelte Zeit wie für den Tempel aufgebracht! Allein schon dieses Detail zeigt, was wirklich im Vordergrund stand: das persönliche Wohlergehen und der Luxus.

Der stechende Dornbusch ist hochbeglückt. Er verkündet sofort: „Bergt euch in meinem Schatten" (Ri 9,15). In südlichen Ländern sucht man den Schutz des Schattens, weil glühende Wüstenwinde sehr stechend sein können. Alles, was Schatten spendet, ist begehrt. „Schatten spenden" ist eine charakteristische Aussage für den König, ja sogar für

Gott. Dass der König Schatten spendet, gehört zur altorientalischen Königsideologie. Er schenkt seinem Volk Leben und gewährt ihm Schutz und Zuflucht in seinem Schatten. „Der Dornstrauch eignet sich diese Königsmetapher vom heilbringenden Schatten sofort und hemmungslos an – er, der doch niemandem Schatten spendet, weil sich niemand unter ihm lagern kann."[109] Er macht eine arrogante Zusage, die er gar nicht erfüllen kann. Aber nicht genug damit! Seine Heilszusage, sich in seinem Schatten zu bergen, schlägt sofort in eine tödliche Drohung um: „Wenn aber nicht, dann soll vom Dornenstrauch Feuer ausgehen und die Zedern des Libanon fressen" (Ri 9,15). Unverblümt zeigt diese Kampfansage an, dass der Dornenstrauch eine Gewaltherrschaft anstrebt, die auch vor Vernichtung nicht haltmacht. Zedern sind große Bäume und hochgewachsen, oft Jahrhunderte alt. Wenn der Dornstrauch sogar die Zedern bedroht, ist dies ein Anspruch, den er nicht erfüllen kann; es handelt sich um eine Selbstüberschätzung. Wenn er aber schon die Zedern des Libanon bedroht, um wie viel mehr dann die anderen Bäume!

Im Hintergrund dieser Darstellung steht die Stammesgesellschaft vor der Königszeit, die Zeit der Richter: „Es war eine Zeit freiheitlicher Solidarität. Unbedingte Verpflichtungen gab es nur innerhalb der Familie und der Sippe. Diese Stämmegesellschaft war keine primitive Vorform des Staates, sondern ein bewusstes Gegenmodell zu den monarchisch organisierten kanaanäischen Stadtstaaten, vor allem aber zu dem ‚Sklavenstaat Ägypten'. Trotz aller Probleme, die es in dieser nicht staatlichen Zeit Israels gab: Es war eine Zeit der Freiwilligkeit, der Eigenverantwortung und der Gleichheit."[110] Charismatische Führungspersönlichkeiten standen der Gemeinschaft vor, darunter auch eine Frau mit dem Namen Debora. Auch in dieser Zeit hat es Defizite gegeben, da es sicherlich weniger gute Richter gab. Dies dürfte der Hintergrund sein für das Verlangen nach einem starken König, der für die Menschen sorgen und das Land vor den Feinden schützen sollte. Die Jotamfabel ist kunstvoll strukturiert und einprägsam formuliert, denn nur so konnte man sie sich merken und leicht weitergeben. Der springende Punkt mit einer unerwarteten Wendung liegt am Ende: Der König ist eine Witzfigur. Er wankt wie ein Betrunkener über den Bäumen und übt Gewaltherrschaft aus in maßloser Überschätzung seiner Kraft. Martin Buber nennt deshalb die Jotamfabel zu Recht die „stärkste antimonarchistische Dichtung der Weltliteratur". Zusammenfassend kann gesagt werden: „Das Gottesvolk darf nicht von Machtstrukturen beherrscht sein, wie es bei den umliegenden Völkern der Fall ist."[111] Das ist das Entscheidende! Jahwe ist der Herr über sein Volk, nur er. Ein König würde die Vorrangstellung Gottes nur verdunkeln und wie ein schlechter Hirte nur sich selbst weiden, nicht aber für die ihm anvertrauten Menschen, besonders die Armen, Sorge tragen. Der weitere traurige Fortgang der Geschichte Israels bestätigt das. Oft war diese ein heilloses und blutiges Durcheinander mit Intrigen und Mord, in der eine „heilige Geschichte" kaum mehr erkennbar war.

Die Könige der damaligen Zeit waren kaum gewillt, sich auf den Willen Gottes einzulassen. Sie haben ihre eigene Machtpolitik betrieben und entweder mit den mächtigen Pharaonen oder den Großmächten im nördlichen Zweistromland paktiert. Propheten haben immer wieder davor gewarnt, weil dies in vielerlei Hinsicht gefährlich war. Sie sollten stattdessen auf Gott vertrauen. Als Jerusalem von Feinden belagert war, zitterte das Herz des Königs und des Volkes wie die Bäume des Waldes im Wind (Jes 7,2). In dieser bedrohlichen Situation wird Jesaja zu König Ahas

(734–728 v. Chr.) gesandt, der ihm den göttlichen Beistand zusichert: Der Stadt und dem Volk werde kein Unheil geschehen. Der König sollte aber nicht nur auf das Wort des Propheten hin glauben, sondern es wird ihm sogar ein göttliches Zeichen zur Bestätigung angeboten. Mit der scheinbar demütigen Antwort, Gott nicht versuchen zu wollen, weist er dieses zurück, weil er Gott nicht vertrauen, sondern eigene Machtpolitik betreiben will. Das ist aber ein Weg, der direkt in den Untergang führt: „Glaubt ihr nicht, so bleibt ihr nicht" (Jes 7,9). So kam es dann letztlich auch, denn der König hat nicht auf Gott vertraut, nur auf seine Waffen geschaut und den König von Assur um Hilfe gebeten. Diese wurde ihm zuteil, aber nicht umsonst. Bald schon wurden Götzenbilder im Tempel von Jerusalem aufgestellt. Das war der Anfang vom Ende ... Auf die Versuchung der Götzenverehrung bin ich nicht eigens eingegangen, aber natürlich stellt das eine große Gefährdung dar, weil die Israeliten versucht sind, von ihrem Gott abzufallen und die Fruchtbarkeitskulte des Landes zu praktizieren. Sie wollten auch hier wie die anderen Völker sein. Besonders in Krisenzeiten, als die Israeliten im Exil sich von Gott verlassen fühlten, artikulierte sich dies: „Wir wollen wie die Völker sein, wie die Völkerstämme der Länder, um Holz und Stein zu dienen" (Ez 20,32). Ein absoluter Tiefpunkt in der Geschichte Israels! Der Prophet Ezechiel verkündet mit aller Schärfe, dass es kein Zurück hinter die einmal geschehene Erwählung durch Jahwe gibt.

Ausgangspunkt dieser verhängnisvollen Entwicklung war der Wunsch, wie alle anderen Völker zu sein und die gleichen Machtstrukturen wie diese zu haben. Sie wollten sich nicht von diesen unterscheiden. Der Prophet und Richter Samuel hatte recht mit seiner Skepsis, denn die über 400 Jahre dauernde Eigenstaatlichkeit unter der Führung eines

Königs war aufs Gesamte gesehen bis auf wenige Ausnahmen eine Katastrophe. Die Könige entsprachen nicht dem, was Gott und die Menschen von ihnen erwarteten.

Hinter dem „So sein wollen wie die anderen Völker" kann sich auch eine Pseudodemut verbergen, die sich so artikuliert: „Wir sind nichts Besonderes und wollen uns nicht von anderen abheben. Wir sind nicht besser als ihr." Das sollte Israel aber sein als Gottes besonderes Eigentum, in dem andere Regeln als in den umliegenden Staaten gelten sollten. Eine solche Auserwählung kann nicht revidiert oder geändert werden. Nicht-Anpassung sollte geradezu ein Markenzeichen des Volkes Israel sein: „Immer wieder musste sich Israel abwenden von den religiösen Praktiken und den gesellschaftlichen Prozeduren seiner Umwelt. Ein entscheidender Grund zu der Tora ist gerade die Nicht-Anpassung an die ‚Völker'."[112] Wie oft stand das Volk in der Versuchung, von seinem Gott abzufallen und tief unzufrieden zu sein mit ihm, seinen Weisungen und seiner Führung. Auf Murren, verstanden als tiefes Unzufriedensein mit Gott und seinen Weisungen, das deutlich von der Klage zu unterscheiden ist, stand in der Zeit der Wüstenwanderung des Volkes Israel immer die Todesstrafe! Es ist mit der Führung des Herrn nicht zufrieden und überschüttet ihn mit Klagen über sein böses Los. Da entbrennt ein Feuer am Rand des Lagers und greift um sich. Nur durch die Fürbitte des Mose wird es gelöscht (Num 11,1–3). Als Mirjam wenig später über Mose redet, weil er sich eine kuschitische Frau genommen hat und darauf beharrt, dass Gott auch mit ihr und nicht nur mit ihm gesprochen hätte, wird sie mit Aussatz geschlagen. Mose schreit zum Herrn und bittet ihn um ihr Leben, was ihm gewährt wird (Num 12,1–15). Als die Kundschafter Kanaan erkunden, kehrten sie nach 40 Tagen zurück und berichten zwar von einem Land, in dem Milch und Honig fließen mit überreichen Früchten, aber zugleich von stark befestigten Städten und wehrhaften Bewohnern, die ihnen wie Riesen vorkamen, sodass das Volk Angst vor der Landnahme bekommt. Sie streuen Gerüchte aus, dass das Land nicht erobert werden könne (Num 14,1–45). Die Strafe für die Diffamierung des Landes, das Gott ihnen zugewiesen hatte, fällt besonders hart aus: Alle, die sich gegen Gott und Mose zusammengerottet hatten, finden in der Wüste ihr Ende. 40 Jahre muss das Volk mit den Herden dort bleiben, bis eine ganze Generation ausgestorben ist. Für jeden Tag der Erkundung des Landes also ein Jahr. Erst dann dürfen sie sich auf den Weg in das Gelobte Land machen. Schon zum zehnten Mal hatten die Israeliten sich gegen Jahwe gestellt trotz all der Zeichen, die er mitten unter ihnen vollbracht hatte (Num 14,22). Korach, Datan und Abiram machen Mose und Aaron ihre Vorrangstellung streitig, da tut sich die Erde auf und verschlingt sie und ihre Anhänger (Num 16,1–17.28). Als die Israeliten in der Wüste wegen Wassermangels erneut murren, sendet Gott Feuerschlangen, welche die Menschen bissen und töteten (Num 21,6). Auch Mose selbst ist es übel bekommen, als das Volk bei Massa und Meriba (Probe und Streit) murrte, weil es kein Wasser zum Trinken hatte und er sich auf die Seite des Volkes gegen Gott stellte (Ex 17,1–7). Weil er sich mit Aaron gegen den Befehl Gottes aufgelehnt hatte (Num 20,24), darf er das Gelobte Land nicht betreten, sondern es nur vom Berg Nebo aus der Ferne sehen (Dtn 34,1–9).

Wie viele sind heute zutiefst unzufrieden mit Gott und seinen Weisungen, auch in unserer Kirche! Sie meinen, eine größere Weisheit und Liebe als er zu besitzen, denn sie würden vieles anders und besser machen. Ist das nicht auch ein tief sitzendes Murren, das uns fast schon zur Gewohnheit geworden ist? Mit dem Strom schwimmen nur Fische, die tot sind. Mit diesem mitzuschwimmen und dem Zeitgeist unkritisch gegenüberzustehen ist das Schlimmste, was die Kirche tun kann. Nahe bei den Menschen zu sein, darf aber auf keinen Fall dazu führen, sich zum Komplizen des Menschen gegen Gott zu machen. „Wenn die Kirche heute Jesus nachfolgen möchte, kommt sie am *Kontrast* zu Vielem in der gegenwärtigen Gesellschaft nicht vorbei. Eine Kirche, die nur noch dialogisch, kommunikativ, diskursiv, evolutiv, entgrenzt, partnerschaftlich, auf alles hin tolerant, vor allem aber nach allen Seiten hin so ‚anschlussfähig' sein möchte und dabei ihre eigenen Wurzeln missachtet, schafft sich selbst ab. Die Kirche hat zwar alles in der Welt zu prüfen und das Gute zu behalten (1 Thess 5,21). Aber zuerst und vor allem muss sie das ersehen und in ihren eigenen Reihen zu leben suchen, was Jesus ihr geboten hat. ‚Sein wollen wie die anderen Völker', war eine der ältesten Versuchungen Israels (1 Sam 8,20). Es ist noch immer eine der Grundversuchungen der Kirche."[113]

5.

Weg vom Schweinetrog und von „dekadenten Übungen"

Umkehr als Lebenswende im Neuen Testament

Das erste Wort Jesu im Neuen Testament lautet nach dem Evangelisten Markus: „Kehrt um und glaubt an das Evangelium!" (Mk 1,15). Bekehrung geschieht durch Glauben. Das verbindende „und" bedeutet nicht zwei Akte: zuerst Bekehrung und dann Glaube. Es ist so zu verstehen: Bekehrt euch, indem ihr an das Evangelium glaubt. Der Glaube an das Evangelium geschieht durch den Glauben an dessen Verkünder, an Jesus.

Die Begriffe „Umkehr" und „Bekehrung" sind in unserem Sprachverständnis nicht unbedingt positiv besetzt. Das hängt teilweise auch mit der Geschichte zusammen, in der immer wieder versucht wurde, andere Völker ohne Respektierung ihrer kulturellen Identität zu „bekehren", oft auch mit Gewalt, mit dem Aufdrängen des Glaubens. Mit der Aussage „Der will mich bekehren" verbinden wir, dass jemand uns seine Meinung aufzwingen will. Unsere eigene Sicht wird nicht respektiert. Das stößt verständlicherweise auf Ablehnung, zumal wir in einer Zeit leben, in der jeder nach seiner eigenen Fasson selig sein möchte und ein relativistisches Denken vorherrscht. Dass dies in der Verkündigung Jesu nicht gemeint sein kann, ist offensichtlich, denn er hat nie jemandem den Glauben aufgedrängt. Er hat im Gegenteil seinen Jüngern die Freiheit gegeben zu gehen

(Joh 6,67). Was ist mit Bekehrung nun gemeint? Das hier im Griechischen stehende Wort *metanoia* bedeutet wörtlich übersetzt „umdenken". Damit erschließt sich ein Zugang, denn wir müssen, zumal in der heutigen Zeit der digitalen Transformation, ständig umdenken, uns neu orientieren. Wer heute einmal einen Beruf erlernt hat, kann nicht wie früher davon ausgehen, dass er diesen bis zu seiner Pensionierung ausüben wird. In der Corona-Krise mussten wir uns auf ständig neue und wechselnde Situationen privat und im Beruf einstellen. Flexibilität war angesagt. In einer digitalen Gesellschaft ist dies geradezu eine Grundvoraussetzung, um bestehen zu können, denn die Anforderungen ändern sich immer rascher und kontinuierlich. Computerprogramme werden mit ständig neuen Upgrades herausgebracht. Auch die Berufswelt befindet sich in einem großen Transformationsprozess. Viele Berufsfelder sind durch den digitalen Fortschritt ganz anders geworden bzw. wurden sogar überflüssig. Wer braucht heute noch einen Fernsehmonteur herkömmlicher Art oder hat ein Telefonbuch von einer Telefonbuchgesellschaft? Dagegen entstehen neue Berufe mit einem Profil, das von den bisherigen oft erheblich abweicht. Wer vor der Corona-Krise seine Produkte nicht auch online im Angebot hatte, bekam dies mit massiven Umsatzeinbußen quittiert bzw. musste sogar Konkurs anmelden. Diese Entwicklung macht auch vor Wirtschaftsriesen nicht halt. Der Mobiltelefon-Hersteller Nokia und das Fotounternehmen Kodak hatten das Mitgehen mit neuen technischen Entwicklungen verpasst. Heute gibt es sie nicht mehr bzw. nur noch in reduzierter Form. Wer nicht rechtzeitig umdenkt, der verpasst den Anschluss und ist morgen weg vom Markt.

Auch bei gesellschaftlich relevanten Themen ist ein „Weiter so wie bisher" nicht mehr möglich. Im Jahr 2020 hat der ehemalige deutsche Entwicklungsminister Dr. Gerd Müller ein Buch mit dem Titel „Umdenken. Überlebensfragen der Menschen" herausgebracht. Darin geht es darum, auf die durch die Corona-Pandemie, den Klimawandel, das Bevölkerungswachstum, die Hungerkrise in vielen Ländern, die immer größer werdenden Flüchtlingsströme, das Artensterben und die Vermüllung der Meere verursachten Probleme Antworten zu geben. Die Devise lautet: „Jetzt muss konkret gehandelt werden. Jeder ist gefordert." Umdenken ist angesagt und damit auch eine Änderung unseres Lebensstils und unserer Konsumhaltung. Nur wenn wir uns rechtzeitig umstellen auf veränderte Situationen, werden wir eine Zukunft haben, die menschenwürdig ist. Dies erfordert auch die Bereitschaft zu Opfer und Verzicht. Umdenken und Umkehr sind heute keine Unwörter mehr. Wir müssen es in der heutigen Zeit aufgrund verschiedener Paradigmenwechsel ständig tun.

Pfarrer Anton Spreitzer war wie viele andere aus dem deutschsprachigen Raum zu Gast in der Pfarrei St. Benedikt von James Mallon in Halifax/Kanada und tief beeindruckt, wie sich diese vollständig erneuert hatte: Aus einer geistig toten Pfarrgemeinde war eine von Leben sprühende geworden. In dem Buch „Wenn Gott sein Haus saniert. Von einer bewahrenden zu einer missionarischen Kirchengemeinde", das schon zu einer Art Klassiker geworden ist, hat Mallon diesen Transformationsprozess beschrieben und konkrete Handreichungen mitgeteilt. Wir werden im letzten Kapitel dieser Ausführungen noch ausführlich darauf eingehen. Im Vorwort dieses Buches legt er zusammen mit dem Passauer Bischof Dr. Stefan Oster dar, dass *metanoia* nicht nur eine rationale Bedeutungsebene habe im Sinn von „Geist" oder „Vernunft" als dem höchsten Teil der Seele, sondern auch beinhalte, „den Sinn zu ändern", „Reue zu empfinden".

Man könne es angemessener auch im Sinn von Geisteshaltung, Grundeinstellung oder Lebensphilosophie auffassen. „Jesus ruft demzufolge nicht nur dazu auf, gewisse Meinungen oder Einstellungen zu ändern, bestimmte Haltungen zu überdenken oder sich – entsprechend unseren guten Vorsätzen – wieder auf eine gute Lebensweise zu besinnen. Jesus verlangt mehr, er verlangt alles: die ganze Art zu denken neu auszurichten, das eigene Selbstverständnis und das Verständnis von allem, was ist, zu erneuern und es durchdringen zu lassen von den Worten, die er die Menschen lehrt."[114] Es gehe darum, die Welt gleichsam mit den Augen Jesu zu betrachten und eine neue Perspektive zur Grundlage des Lebens zu machen, die alles umfasst: unser Denken, Handeln und Tun. Grundlage hierfür ist sein gutes Wort, das Evangelium. Spreitzer hält als Schlussfolgerung fest: „Ohne Bekehrung – kein Christentum! Ohne radikale Veränderung der Grundeinstellung – keine Nachfolge Jesu! Ohne ein neues Denken – keine Kirche! Im Ursprung des neuen ‚Weges‘, wie der christliche Glaube anfangs genannt wurde (Apg 9,2; 18,23), steht eine Kehrtwende, eine Entscheidung, eine Herausforderung. Nach der Begegnung mit Jesus Christus kann man nicht mehr so einfach auf dem alten Weg weiter dahintrotten."[115]

Romano Guardini hat dies in seinem Klassiker und vielfach aufgelegten Werk „Der Herr" mit anderen Worten ähnlich beschrieben: „Würde man nun schon richtig glauben, wenn man erklärte und fest aufrechthielte, was Er gesagt hat, sei wahr? Das wäre erst ein Beginn."[116] Ein Für-wahr-Halten kann in der Tat nur ein Anfang sein, denn „zwei plus zwei ist vier", das ist eine mathematische Wahrheit, die uns aber nicht berührt. Guardini fährt fort: „Glauben bedeutet, mit dem Denken, mit dem Herzen, mit dem Gefühl für Richtig und Unrichtig, mit allem, was Menschendasein ausmacht, in Christi Schule zu treten. Denken wir daran: Das ganze Schiff fährt falsch. Da hilft es nichts, im Schiffe von rechts nach links zu gehen oder für einen Apparat einen anderen einzusetzen, das Ganze muss anders fahren. Glauben ist also ein Vorgang, eine Unterweisung, eine Umformung, worin die Augen neu geschaffen, die Gedanken anders gerichtet, die Maßstäbe selbst umgemessen werden … Was zwischen Geburt und Tod vor sich geht, das Geschehen und Tun, das die Tage füllt – was ist das? Die einen sagen, Naturnotwendigkeit. Die anderen, geschichtliche Folge. Die Dritten haben eine dritte Theorie. Glaube sagt: Es ist Vorsehung. Der Gott, der Dich geschaffen hat; der Gott, der Dich erlöst hat; der Gott, der Dich einst in sein Licht stellen wird – Er fügt Dein Dasein. Was darin geschieht, ist Botschaft, Forderung, Prüfung, Hilfe, die von Ihm kommt. Dies nicht nur zu hören oder im Wissen zu haben, sondern ins innere Leben zu nehmen – muss das nicht alles verändern? Nicht bloß hier Mut geben oder dort eine Überheblichkeit dämpfen, sondern allem, dem Ganzen, dem Zusammenhang des Daseins einen neuen Charakter geben? Die Haltung, die Gesinnung, die Weise, da zu sein, welche aus dieser ins Leben dringenden Überzeugung entsteht – das ist Glaube."[117] Wenn in diesem Sinn *metanoia* als Lebenswende verstanden wird, dann wird deutlich, welchen Anspruch Jesus erhebt und warum seine Aufforderung dazu ganz am Anfang des Evangeliums steht. Es ist ein ungeheuerlicher Anspruch, der von einem Hoheitsbewusstsein formuliert wird, das auf der Höhe Gottes steht, denn es geht nicht um die Nachfolge für eine gute Sache oder die Anliegen Gottes, sondern um die Nachfolge seiner Person. Das ist das Entscheidende, woraus sich alles andere ergibt. Eine Lebenswende in diesem Sinn hat tiefgreifende Auswirkungen. Sie umfasst alle Lebensbereiche: die Gottesbeziehung, den Umgang mit Zeit und Geld, die Einstellung zur Sexualität, zu Freizeit und Beruf, zum Mitmenschen, zur Umwelt, ja sie betrifft sogar die Berufs- und Partnerwahl.

Als in meinem Leben schon Zeichen der Berufung sichtbar waren, habe ich dies mit meiner Mutter besprochen. Sie hat sich darüber gefreut und mir damals den folgenden Rat gegeben: „Sucht aber zuerst sein Reich und seine Gerechtigkeit; dann wird euch alles andere dazugegeben" (Mt 6,33). Sie hat mich damit freigegeben und nicht erwartet, dass ich den elterlichen Betrieb weiterführe. Zuerst das Reich Gottes suchen heißt, den Herrn um Erkenntnis zu bitten und seiner Weisung dann Folge zu leisten. Meine Mutter wusste: Wenn man jemand in ein solches Amt drängt, wird er in Krisenzeiten nicht standhalten können. Im Innersten muss die Erkenntnis da sein, dass der Herr mich in seinen Dienst und seine Nachfolge gerufen hat. Der Rest ergibt sich dann nahezu von selbst: „Dann wird euch alles dazugegeben." Mein Leben hatte bis dahin zwar eine grundsätzlich christliche Ausrichtung, trotzdem war ich anfangs nicht bereit, mir meine Lebenspläne durchkreuzen zu lassen. Meine Ziele, Flugzeugführer bei der Lufthansa zu werden und später Wirtschafts- und Sozialwissenschaften zu studieren, habe ich nicht so schnell aufgegeben. Es erging mir jedoch wie dem Propheten Jona, der vor dem Ruf des Herrn nach Tarschisch geflohen war, dann aber doch dem ursprünglichen Auftrag Gottes, Ninive zur Umkehr aufzurufen, nachgekommen ist. Durch verschiedene Umstände erkannte ich, dass der Herr mich im Dienst in seinem Weinberg haben wollte. Das war für mich eine entscheidende Lebenswende, eine Umkehr, welche alles in meinem Leben veränderte.

Es ist vor diesem Hintergrund aufschlussreich, das Gottesbild der Bibel mit dem der Götter der damaligen Welt und ihrem Verhalten gegenüber dem Menschen zu reflektieren. Die Götter in der griechischen und der römischen Welt hatten teilweise auch dämonische Züge. Sie trugen eine versteckte Bosheit in sich. Man war vor ihnen nie sicher. In der griechischen Mythologie wird öfter berichtet, dass die Götter einen Sterblichen auserwählt hatten, ihm ihre Gunst gewährten, Glück und Segen spendeten. Aber aus einer Laune heraus, die nicht durchschaubar war, oft jäh und grundlos, haben sie so einen Begünstigten auch fallen gelassen, in den Abgrund hinuntergestoßen. Die Götter waren heimtückisch und unberechenbar. Sie haben die Sterblichen spüren lassen, wer sie waren und was diese im Vergleich zu ihnen waren. Deshalb hatte man auch Angst vor ihnen und versuchte zu allen Zeiten, sie zu besänftigen und gnädig zu stimmen, indem man ihnen Opfer darbrachte, gelegentlich sogar das Kostbarste in Form der eigenen Kinder. Im Umkreis von Palästina und teilweise auch in Israel selbst gab es solche Praktiken.

Das Christentum hat ein anderes Bild von Gott vermittelt. Gott ist gut. Er ist die Liebe (1 Joh 4,16), und wir sind seine geliebten Kinder. Wir gehören zur Familie des Vaters, die anderen sind unsere Brüder und Schwestern. Seine Vorsehung bereitet uns die Wege des Lebens. Wir brauchen uns nicht zu fürchten und erst recht keine Heidenangst zu haben. Niemand kann uns der Hand des guten Hirten entreißen, es sei denn, wir wollen es selbst, indem wir vor ihm davonlaufen (Joh 10,28f.). Dies schenkt eine letzte Sicherheit und Geborgenheit, auch in Krankheit, Krisen, Leid und Tod. Wir dürfen die Führung Gottes durch diese Erdenzeit erfahren, die uns nicht immer alle Steine aus dem Weg räumt. Er wird uns nicht vor allem Leid, wohl aber im Leid bewahren. Umkehr im Sinn des Evangeliums ist immer Ausrichtung auf den Herrn und das, was er uns gesagt hat. Nur er hat Worte des ewigen Lebens (Joh 6,68).

In Leid und Not können wir auf das Beispiel des Sohnes schauen: „Wenn einer hinter mir hergehen will, verleugne er sich selbst, nehme täglich sein Kreuz auf sich und folge mir nach" (Lk 9,23; Mt 16,24). Wir können das Lebenskreuz tragen in dem Wissen, dass er nichts zulässt, was unsere Kräfte übersteigt. Dies hat das Christentum damals für die Menschen überzeugend gemacht: sein Gottesbild, seine Sicht des Menschen und besonders die Perspektive des ewigen Lebens. Die Grundfragen des Lebens nach unserer Herkunft und unserer Zukunft wurden in zufriedenstellender Weise beantwortet. Umkehr ist im Evangelium immer Umkehr zum Gott des Lebens, zur Fülle. Es ist ein Ausstieg aus einem Leben in Sünde, aus einer Verlorenheit. Zachäus, der oberste Zollpächter von Jericho, war nach einem Wort des Herrn verloren (Lk 19,10), weil er sich ganz dem Mammon verschrieben hat; dieses Wort kommt aus dem Aramäischen und bedeutet Besitz, Geld, Vermögen. Es kann den Menschen sogar in Besitz nehmen. Schon bei der Verkündigung Jesu schwingt in diesem Begriff etwas Dämonisches mit. Mammon ist eine Art Gegenmacht zu Gott. In Mt 6,24 hat das Wort keinen Artikel und so geradezu einen persönlichen Eigennamen.[118] Was hier für den Mammon ausgeführt wurde, gilt für alle anderen Sünden und Abhängigkeiten, besonders auch auf dem Gebiet der Sexualität, wie die Geschichte von Maria Magdalena zeigt. Das Gleichnis vom verlorenen Sohn ist eine Zusammenfassung des Evangeliums in Form einer Geschichte (Lk 15,11–32). Es ist ein gutes Beispiel für eine Umkehr zum Leben. Als der Sohn beim Vater ankommt, geht es ihm schlecht, denn er leidet an Hunger. In einem der letzten Gemälde des niederländischen Malers Rembrandt van Rijn (1606–1669) hat er beeindruckend festgehalten, wie der Sohn verlumpt und heruntergekommen beim Vater ankommt, fast schon an der Grenze zum

Tod. An seinen Füßen sind Blasen sichtbar, weil er keine Schuhe mehr hat. Er ist nur noch mit seinem Untergewand bekleidet. Der Vater läuft dem Sohn eilig entgegen, ja er rennt sogar auf ihn zu, wie es im griechischen Text heißt. Schnelles Laufen ist für einen betagten Orientalen eigentlich unter seiner Würde. Doch Konventionen sind ihm egal. Ihm ist nur wichtig, dass er seinen Sohn lebend wiederbekommen hat. Offensichtlich hat er täglich nach ihm Ausschau gehalten. Sein Herz wird von Mitleid bewegt, als er ihn kommen sieht. Das Bekenntnis, das der Sohn sich im Voraus überlegt hatte, lässt er ihn nicht ganz aussprechen, sondern er antwortet zeichenhaft und symbolisch. Der Kuss gilt dem Gleichgestellten, nicht aber einem Diener oder einem Sklaven. Wenn im Orient jemand geehrt wurde, schenkte man ihm ein schönes Gewand. Der Sohn wird bekleidet mit Gewändern der Freude. Der Ring ist nicht als Schmuckstück zu verstehen, sondern als Siegelring. Damit wird deutlich, dass der Sohn wieder in seine ursprüngliche Stellung eingesetzt wird. Wie der Vater kann er Verträge und Urkunden siegeln. Sandalen sind Kennzeichen des freien Mannes, der Sklave geht barfuß. Sogar das Mastkalb wird für ihn geschlachtet und ein großes Fest gefeiert. Umkehr ist immer auch Umkehr zur Freude: Der Vater im Gleichnis ist ein Bild für den himmlischen Vater und sogar im Himmel herrscht Freude über die Umkehr eines Sünders (Lk 15,7.10). Der Sohn kehrt allerdings erst um, als er in tiefer Not war und sich das Gute in ihm wieder regte. In der Zeit der Zügellosigkeit und der Unzucht – *porneia* steht im griechischen Text – hatte er nicht daran gedacht. Sein älterer Bruder wirft ihm Letzteres vor, weil sein Lebensstil offenbar schon in der Heimat ruchbar geworden ist (Lk 15,30). Er sah keinen Anlass zur Umkehr. Die Hungersnot, die über das Land kommt, zwingt ihn, sich als Schweinehirt zu verdingen, um zu überleben. In der Zeit einer Hungersnot haben Schweine einen großen Wert, nicht aber das Leben eines Menschen. So muss er sich von dem ernähren, was man den Schweinen, die im Judentum als unreine Tiere galten, vorgeworfen hat. Erst in dieser tiefen Erniedrigung, als er auf der Ebene der Schweine angekommen ist, regt sich in ihm das Gute wieder und er kehrt um. Umkehr kann also durchaus etwas Dramatisches sein. Nicht jeder will sie und nicht jedem gelingt sie, denn sie erfordert das Eingeständnis der Schuld und die Bereitschaft zu einem anderen Lebensstil. Davon soll nun in der Bekehrungsgeschichte von Paul Claudel (1868–1955) die Rede sein.

Wie mühsam die Umkehr sein kann, wenn man sich vom christlichen Glauben entfernt hat, sehen wir in dessen Bekehrungsgeschichte. Am Weihnachtsfest 1886 ist eine grundsätzliche Wende in seinem Leben eingetreten (übrigens auch bei der hl. Therese von Lisieux). Claudel gilt als der wohl größte Dichter und Schriftsteller der katholischen Erneuerungsbewegung in Frankreich. Er war in einer religiös gleichgültigen Familie aufgewachsen und hatte am Gymnasium den Glauben ganz verloren, bestärkt durch seine freidenkerischen Lehrer. In dem nur wenige Seiten umfassenden Glaubenszeugnis *„Ma conversion"* – „Meine Bekehrung" beschreibt er 1913 die Gnadenstunde, die er damals erfahren hat, so: „Mit 18 Jahren glaubte ich, was die Mehrzahl der sogenannten gebildeten Menschen jener Zeit glaubten … Ich war überzeugt, alles sei Gesetzen unterworfen, und diese Welt sei eine Verkettung von Ursachen und Wirkungen, welche die Wissenschaft bereits übermorgen vollständig entwirren würde. All das kam mir übrigens sehr traurig und langweilig vor … Im Übrigen führte ich ein unmoralisches Leben und fiel nach und nach in einen Zustand der Verzweiflung. Der Tod meines Großvaters, den ich monatelang an Magenkrebs dahinsiechen sah, hatte mir einen tiefen Schrecken versetzt. Den Glauben hatte ich ganz verloren … So stand es um das unglückliche Kind, das sich am 25. Dezember 1886 nach Notre-Dame-de-Paris begab, um dem Weihnachtshochamt beizuwohnen. Damals fing ich an zu schriftstellern und hatte die Vorstellung, ich könnte in den katholischen Zeremonien, die ich mit dünkelhaftem Dilettantismus betrachtete, ein geeignetes Reizmittel und den Stoff für ein paar dekadente Übungen finden."[119] Anschließend beschreibt er genau den Ort, wo er stand; diese Stelle ist heute noch in der Kathedrale durch eine Einlassung gekennzeichnet. „Da nun vollzog sich das Ereignis, das für mein ganzes Leben bestimmend sein sollte. In einem Nu wurde mein Herz ergriffen, ich glaubte. Ich glaubte mit einer so mächtigen inneren Zustimmung, mein ganzes Sein wurde geradezu gewaltsam emporgerissen, ich glaubte mit einer so starken Überzeugung, mit solch unbeschreiblicher Gewissheit, dass keinerlei Platz auch nur für den leisesten Zweifel offenblieb, dass von diesem Tage an alle Bücher, alles Klügeln, alle Zufälle eines bewegten Lebens meinen Glauben nicht zu erschüttern, ja auch nur anzutasten vermochten. Ich hatte plötzlich das durchbohrende Gefühl der Unschuld, der ewigen Kindheit Gottes, einer unaussprechlichen Offenbarung … Es ist wahr! Gott existiert, Er ist da, Er ist jemand, Er ist ebenso persönliches Wesen wie ich! Er liebt mich, Er ruft mich. Tränen und Schluchzer überkamen mich und der liebliche Gesang des *Adeste* trug noch das Seine zu meiner Erschütterung bei. Eine recht süße Erschütterung übrigens, der sich dennoch ein Gefühl des Schauders, ja beinahe des Schreckens zugesellte! Denn meine philosophischen Überzeugungen blieben unangetastet. Gott achtete ihrer nicht und überließ sie ihrem Schicksal; sie zu ändern, sah ich keinen Anlass; die katholische Religion kam mir nach wie vor wie eine Sammlung törichter Anekdoten vor; ihre Priester und Gläubigen flößten mir immer noch den gleichen Widerwillen ein, der sich bis zum Hass, ja bis zum Ekel steigerte. Das Gebäude meiner Ansichten und Kenntnisse brach nicht zusammen, an ihm entdeckte ich keinen Fehler. Nur eines war geschehen, ich war aus ihm herausgetreten! Ein neues gewaltiges Wesen mit schrecklichen Forderungen an den jungen Menschen und Künstler, der ich war, hatte sich offenbart; doch ich verstand nicht, es mit irgendetwas von dem, was mich umgab, in Einklang zu bringen. Der Zustand eines Mannes, den man mit einem Griff aus seiner Haut reißt, um ihn in einen fremden Körper mitten in eine unbekannte Welt zu verpflanzen, ist der einzige Vergleich, der annähernd diesen Zustand völliger Fassungslosigkeit veranschaulichen könnte."[120]

Claudel ist es so ergangen wie dem verlorenen Sohn. Mit der Zeit der „dekadenten Übungen" war es jetzt vorbei. Intuitiv wusste er, was jetzt zu tun war und was von ihm erwartet wurde: sein Leben zu ändern und nach dem Evangelium auszurichten. Rückblickend schreibt er dazu: „Junge Menschen, die so leichtfertig ihren Glauben wegwerfen, wissen nicht, was es kostet, ihn wiederzuerlangen, mit welchen Qualen sie dafür bezahlen müssen. Der Gedanke an die Hölle und auch der Gedanke an all das Schöne und die Freuden, die zu opfern meiner Meinung nach die Rückkehr zur Wahrheit mir auferlegte, waren es vor allem, die mich zurückhielten … Ich kannte keinen Priester und hatte keinen einzigen katholischen Freund."[121] Wenn ein Mensch wie Claudel ganz im materialistischen Denken gefangen ist, ist es schwierig, zu Christus und seinem Evangelium zu finden, es führt aber kein Weg daran vorbei. Die Bekehrung, die Claudel geschenkt wurde, war ein Akt der Gnade Gottes. Er hat sie nicht verdient und keinen Anspruch darauf. Es ist erstaunlich und für unsere Fragestellung wichtig, dass seine Bekehrung nicht ganz geschah, denn seine bisherige Sicht auf die Kirche und das Gebäude seiner Ansichten und Kenntnisse blieb unberührt. Er wusste aber, dass dies nicht mehr kompatibel war mit dem, was er erlebt hatte. Umkehr war angesagt, ein neues Denken, eine neue Sicht auf sein bisheriges Leben, die Kirche und den Glauben, von dem er „genauso wenig wusste wie vom Buddhismus".[122] Nicht das Evangelium muss sich seiner Triebhaftigkeit und Sündhaftigkeit anpassen – das ist oft die Denkweise der heutigen Zeit –, sondern er muss sich ändern. Das „große Buch, das sich für mich öffnete, und der Ort, wo ich meinen eigentlichen Unterricht bekam, war die Kirche. Gepriesen sei für immer diese große, majestätische Mutter, zu deren Füßen ich alles gelernt habe! All meine Sonntage verbrachte ich in Notre-Dame und ging auch wochentags so oft als möglich hin."[123] Seine Vorurteile verschwanden nach und nach und seine kindlichen Ängste hörten auf. Er war aus seiner bisherigen nichtigen Lebensweise befreit worden und nicht mehr Sklave seiner Triebe und Begierden (Röm 6,17). Er schämte sich dessen, was er früher getan hatte (1 Petr 1,18).

Bekehrungsgeschichten dieser Art erleben wir bei *radio horeb* und *Radio Maria* immer wieder, oft auch sehr berührende. Es ist ein eigenes Buch herausgekommen, in dem Radio-Maria-Stationen aus 80 Nationen dieser Welt Zeugnisse niedergeschrieben haben. Gott benutzt das Instrument des Radios, um Menschen zum Glauben der Kirche zu führen. Viele berichten, dass sie ein Leben fern vom Evangelium geführt haben und darüber nicht glücklich waren. Zur Kirche und dem Glauben hatten sie meist keinen Zugang. Aus Langeweile und weil sie auf den alternativen Stil des Radiosenders aufmerksam geworden sind, haben sie ihn immer wieder eingeschaltet und dadurch eine Bekehrung erlebt. Die typische Person, bei der das geschieht, ist jene, die längere Geschäftsreisen machen muss und deshalb das Radio einschaltet.

Oberste Maxime bei *Radio Maria Italien* ist, dass es ein Radio der Bekehrung ist, *una radio della conversione*. Bei *radio horeb* formulieren wir es anders, von der Sache her aber ähnlich: Es geht uns darum, dass Menschen sich an der Botschaft Jesu Christi orientieren und ihr Leben danach ausrichten. Sie für den Herrn und sein Reich zu gewinnen, ist unser Ziel.

6.

Glaube an einen Gekreuzigten mit dem Kopf eines Esels
Kreuz und Auferstehung als Ärgernis und Torheit

Tod und Auferstehung des Herrn sind die zentralen Inhalte unseres Glaubens schlechthin. Beides hat aber den Erwartungen der Menschen in der damaligen Zeit, der Heiden und der Juden, in keinster Weise entsprochen und auch nicht dem der Apostel, die dem Herrn nachfolgten. Der Augsburger Bischof Dr. Bertram Meier führte dazu in einer Predigt aus: „Wenn die Jünger darüber abgestimmt hätten, ob Jesus nach Jerusalem gehen soll, um sich dort kreuzigen zu lassen, dann zeigt mein kirchenpolitisches Barometer an: Die Abstimmung wäre zwölf zu null ausgegangen, er soll es nicht tun." Die Konsequenz wäre: „Bis heute wären wir nicht erlöst. Im Kreuz ist Heil, im Kreuz ist Leben."

Beginnen wir mit der Kreuzigung. Paulus schreibt im ersten Korintherbrief: „Wir dagegen verkündigen Christus als den Gekreuzigten: für Juden ein Ärgernis, für Heiden eine Torheit" (1 Kor 1,23). Im griechischen Text steht für das Wort Ärgernis *skandalon*. Das Kreuz ist ein Skandal. Ursprünglich ist mit diesem Wort ein Stellholz gemeint, eine Falle, in die man hineingeraten kann. Es kann auch die Bedeutung eines Steines haben, an den man in der Dunkelheit, wenn man nicht achtgibt, stößt und dadurch zu Fall kommt. Im religiös-moralischen Bereich wird damit eine Entrüstung aufgrund verletzter Empfindungen angesprochen. Im Buch

Deuteronomium heißt es, dass ein an den Pfahl Gehängter „ein von Gott Verfluchter" (Dtn 21,23) ist. Aus der Sicht der Menschen von damals ergab sich, dass das ganze Leben eines Gekreuzigten sinnlos und verworfen ist; sein Ausgang, sein Scheitern am Kreuz bestätigen das. Es ist wie eine Annullierung seines Lebens und seiner Ansprüche, all dessen, was es ausgemacht hat. Diese grausame Todesart war der Tod der Sklaven und galt im Judentum als die schmählichste und entehrendste neben der Enthauptung. In der Regel wurden Sklaven, Verführer und Volksverderber sowie Kriminelle, die schwere Kapitalverbrechen begangen hatten, gekreuzigt. Durch das Christusereignis wird es nun aber zum Heilszeichen schlechthin, es ist das Logo, das Erkennungszeichen der Christen. Wer in der jüdischen Religion aufgewachsen ist, dem wird viel Umdenken zugemutet. Nicht umsonst versuchte Petrus Jesus vom Weg des Leidens und eines schmählichen Todes abzuhalten: „Das soll Gott verhüten, Herr! Das darf nicht mit dir geschehen!" (Mt 16,22). Für diese Äußerung wird Petrus von Jesus geradezu einem förmlichen Exorzismus unterworfen: „Tritt hinter mich, du Satan! Ein Ärgernis bist du mir, denn du hast nicht das im Sinn, was Gott will, sondern was die Menschen wollen" (Mt 16,23).

Für Heiden eine Torheit: In Anwesenheit eines Römers von einer Kreuzigung zu sprechen, galt als schwere Beleidigung. Auf dem Palatin, einem Hügel in Rom, wurde bei Ausgrabungen in einem Palast ein Graffito an der Wand entdeckt, das wahrscheinlich Anfang des dritten Jahrhunderts entstanden ist; das sogenannte Alexamenos-Graffito. Es handelt sich hierbei um eine Ritzzeichnung in einem Anbau an das *Domus Flavia*, die heute in einem Museum in Rom zu sehen ist, und gilt als früheste heidnische Karikatur, welche den Gekreuzigten verspottet; dieser wird am Kreuz

Das Spottkreuz auf dem Palatin

mit einem Eselskopf gezeigt. Die Götter in der damaligen Zeit wurden wesentlich nach ihrer Stärke bemessen, nach dem Erfolg, den sie ihren Verehrern brachten. Die Götter der Römer müssen offensichtlich stark gewesen sein, weil sie ihnen die Herrschaft über die Völker, die Weltherrschaft, gebracht haben. Auch wenn es damals schon viele exotische und, wie wir heute sagen würden, esoterische Glaubensrichtungen gegeben hat: An einen gekreuzigten Gott zu glauben, war das Bizarrste, was man sich vorstellen konnte. Auf dem Graffito steht in griechischer Sprache ein Spottvers „Alexamenos betet (seinen) Gott an"; es kann auch übersetzt werden mit „Alexamenos huldigt Gott". Eine bildhafte Darstellung, wie die Botschaft vom Kreuz, wirkte auf Heiden wie eine Eselei! 13 Jahre nach der Entdeckung dieses Graffito im Jahre 1857 entdeckten Forscher in einem anderen Raum des Gebäudes eine weitere Inschrift, dieses Mal auf Latein. Auf dem Sockel unter dem Standbild des Kriegsgottes Mars konnte man, eingeritzt mit einem Nagel, lesen: *Alexamenos fidelis*, was übersetzt werden kann mit: „Alexamenos ist treu" oder „Alexamenos, der Gläubige". Wer es eingeritzt hat, ist nicht bekannt; entweder er selbst oder jemand, der ihn für seine Standhaftigkeit bewundert hatte. Vielleicht hat er durch seine Kollegen Respekt gefunden, weil er sich durch Spott und Verachtung nicht von seinem Glauben abbringen ließ.

Doch nun zur Auferstehung: Die Sadduzäer sind im Neuen Testament im Umfeld der Priesteraristokratie angesiedelt. Nach Josephus Flavius gehörten sie den höchsten gesellschaftlichen Schichten an. Sie waren eine bedeutende Gruppe des Judentums in der Zeit des Zweiten Tempels. Ihre Geschichte endete mit dem Jüdischen Krieg im Jahr 70 n. Chr. mit der Eroberung Jerusalems und der Zerstörung des Tempels, welcher der Bezugspunkt ihrer religiösen Anschauungen war. Sie glaubten nicht an eine Auferstehung und ein Weiterleben nach dem Tod, die Pharisäer hingegen schon: Letztere waren in der Mehrheit. Sie gingen davon aus, dass es eine Auferstehung der Toten gibt. Nirgends gab es damals allerdings die Vorstellung, dass ein Einzelner aufersteht, die Auferstehung aller gleichsam vorwegnimmt. Allenfalls konnte man es so verstehen, dass die Auferstehung eines Einzelnen den Auftakt der allgemeinen Totenauferstehung darstellte. Nicht wenige Theologen meinen, dies sei der Grund für die Naherwartung gewesen, der man in den neutestamentlichen Schriften, besonders bei Paulus, begegnet. Wie dem auch sei: Die Auferstehung eines Einzelnen war nicht vorgesehen in diesem Konzept und fällt aus dem Rahmen heraus; sie ist – wie das Kreuz – erklärungsbedürftig.

Wie die Heiden auf die Verkündigung der Botschaft der Auferstehung reagiert haben, erfahren wir aus der Apostelgeschichte. Paulus wartete in Athen, der Stadt der Gebildeten und Gelehrten, auf seine Begleiter. Er wird von heftigem Zorn erfasst, als er die Stadt erkundet und viele Götterbilder sieht. Paulus geht an den bevorzugten Ort seiner Verkündigung, zu den Synagogen der Juden, und spricht dort zu diesen und den anwesenden Gottesfürchtigen. Gleichzeitig missioniert er auch auf dem Markt und unterhält sich mit denen, die er dort gerade antrifft. Schon gleich am Anfang seiner Ausführungen wird deutlich, dass er mit seiner Verkündigung eines Menschen, der von den Toten auferweckt worden ist, keinen Erfolg haben wird. „Einige von den epikureischen und stoischen Philosophen diskutierten mit ihm und sagten: Was will denn dieser Schwätzer? ... Denn er verkündete das Evangelium von Jesus und von der Auferstehung" (Apg 17,18). Die wörtliche Übersetzung des Wortes „Schwätzer" bedeutet „Samenkörneraufleser" oder „Saatkrähe", ein Wort, das auf jeden Fall nicht freundlich gemeint ist. Obwohl sie seine Verkündigung für befremdlich halten, sind sie aber doch neugierig geworden und bitten Paulus um nähere Auskunft. Er stellt sich in die Mitte des Areopags und hält seine berühmte Rede (Apg 17,16–34), indem er an die naturhafte Erfahrungswelt seiner Zuhörer anknüpft. Gott hat sich in der Schöpfung nicht unbezeugt gelassen als der Schöpfer allen Lebens. Niemand ist ihm deshalb wirklich fern. Durch die Offenbarung Gottes in Jesus Christus ist die Zeit der Unwissenheit aber vorbei. Gott hat ihn dadurch ausgewiesen, „dass er ihn von den Toten auferweckte" (Apg 17,31). Seine philosophisch gebildeten Zuhörer hatten kein Problem mit dem Weiterleben des Geistes. Es war für sie jedoch ausgeschlossen, dass jemand, dessen Fleisch schon verwest ist, wieder zum Leben kommt und verwandelt wird. Die Reaktion auf diese Verkündigung braucht deshalb nicht zu erstaunen: „Als sie von der Auferstehung der Toten hörten, spotteten die einen, andere aber sagten: Darüber wollen wir dich ein andermal hören" (Apg 17,32). Die einen reagieren mit offener Ablehnung, die anderen wollen ihn bei anderer Gelegenheit hören – eine freundliche Formulierung dafür, dass sie kein Interesse mehr haben. Nur wenige werden gläubig und schließen sich Paulus an.

Auch später musste die Botschaft von der Auferstehung der Toten bei der Darlegung des christlichen Glaubens gerechtfertigt werden. Heidnische Gelehrte waren in Rhetorik und Argumentation geschult. Ihr Einwand lautete: Wie sollte jemand, der von wilden Tieren zerrissen und gefressen oder verbrannt wurde, leiblich wieder auferstehen, da doch sein Körper nicht mehr existiert? Die Verkündigung von Jesu Tod und Auferstehung passte also nicht zu ihrem Weltbild, weder in der jüdischen noch in der römisch-griechischen Welt.

Für uns hingegen ist die Auferstehung von den Toten der wesentliche Glaubensinhalt schlechthin, den wir in jedem Credo bekennen: „Ich glaube an die Auferstehung der Toten." Alle Sakramente der Kirche haben ihren Ursprung im Pascha-Mysterium, in Tod und Auferstehung des Herrn, in seinem Durchgang durch den Tod zum Leben in die Herrlichkeit des Vaters. In der Taufe werden wir mit ihm begraben und haben Anteil am neuen Leben der Erlösten (Röm 6). Die Eucharistiefeier ist die unblutige Vergegenwärtigung des Kreuzesopfers Christi und das eheliche Ein-Fleisch-Werden ist ein Bild für die Liebe Christi zu seiner Kirche, denn der Mann soll seine Frau so lieben, wie Christus die Kirche geliebt und sich für sie am Kreuz hingegeben hat (Eph 5,32). Der Priester handelt in der Person Jesu Christi, was bei der Feier der Sakramente, besonders beim Bußsakrament und der Eucharistiefeier, deutlich wird. In der Lossprechungsformel bei der Beichte wird darauf Bezug genommen, dass der Vater durch den Tod und die Auferstehung seines Sohnes die Welt mit sich versöhnt hat. Bei der Priesterweihe wird er bei der Übergabe von Kelch und Patene dazu aufgefordert, sein Leben unter das Geheimnis des Kreuzes zu stellen. Er soll immer bedenken, was er tut. Aber nicht nur er, sondern jeder Christ ist dazu aufgefordert, so zu leben, denn Fruchtbarkeit gibt es im Reich Gottes nur dann, wenn das Weizenkorn in die Erde fällt und stirbt. Indem es stirbt, bringt es reiche Frucht. Wenn es allein bleibt und alle Lebensreserven für sich verbraucht, ist es unfruchtbar (Joh 12,24). Tod und Auferstehung des Herrn sind das Wesentliche des Christentums, denn dadurch sind wir erlöst und haben Zugang zum Vater. Die Auferstehung Jesu ist die Bestätigung durch den Vater, der ihn durch den Tod hindurchführte und so seinen Anspruch und seine Verkündigung als authentisch auswies.

Paulus formuliert das auch im Brief an die Korinther so: „Ist aber Christus nicht auferweckt worden, dann ist unsere Verkündigung leer, leer auch euer Glaube" (1 Kor 15,14). Ohne die Auferstehung wären wir betrogene Betrüger. Wir wären selbst betrogen worden und jetzt würden wir auch noch andere betrügen. In diesem Brief ist eine der ältesten Bekenntnisformeln überliefert: „Christus ist für unsere Sünden gestorben, gemäß der Schrift, und ist begraben worden. Er ist am dritten Tag auferweckt worden, gemäß der Schrift" (1 Kor 15,3f.). Glaubensformeln dieser Art stehen am Anfang des Bekenntnisses. Was sich an Christus ereignet hat, geschah „gemäß der Schrift", das heißt, es war von Gott im Voraus so beschlossen, im Alten Bund angekündigt und im Neuen Bund verwirklicht worden: „[E]s war nämlich Gottes gnädiger Wille, dass er für alle den Tod erlitt" (Hebr 2,9). Ostern ist nicht umsonst das wichtigste Fest im Kirchenjahr.

Israel hat seinen Gott als den verehrt, der es aus der Skla-
verei in Ägypten herausgeführt hat. Diese Machttat wurde
geradezu synonym für seinen Namen verwendet; sie war
sein entscheidendes Attribut. Von nun an wird es aber heißen: Gott ist der, der Jesus auferweckt hat. Er hat seinen
Sohn nicht im Tod gelassen, sondern durch diesen hindurch
ins neue Leben geführt und mit „Herrlichkeit und Ehre ge-
krönt" (Hebr 2,9). Bei der Nachwahl des Matthias zum
Apostel anstelle von Judas wurden Kriterien aufgestellt,
die zu erfüllen waren: Es sollte jemand sein, der den Herrn
gekannt hat, angefangen bei der Taufe des Johannes bis zur
Himmelfahrt – „einer von diesen muss nun zusammen mit
uns Zeuge der Auferstehung sein" (Apg 1,22). Die Auferstehung war das Kriterium schlechthin, das ihn zum Apostel
qualifiziert hat.

In den folgenden Ausführungen soll die Bedeutung von
Tod und Auferstehung Jesu geistlich erschlossen werden,
weil beides von zentraler Bedeutung für unsere Thematik
„Zeitgeist oder Geist der Zeit" ist. Liu Zhenying (* 1958), in
protestantischen Kreisen in China und darüber hinaus nur
unter dem Namen *Bruder Yun* oder respektvoll auch als
heavenly man („himmlischer Mann") bekannt, ist ein freikirch-
licher Missionar, der viele Hauskreise in China gegründet hat
und nicht wenige Jahre seines Lebens in chinesischen Gefäng-
nissen verbrachte, weil er trotz Verbotes missionierte und viele zum Glauben an Christus geführt hat. Weil er sich der
staatlichen Regierungspolitik widersetzte und der unabhängigen Kirche in China anhing, galt er als „Illegaler" und
„Konterrevolutionär". Gott stand ihm oft in außerordentli-
cher Weise bei, manchmal sogar mit Wundern. Von den chinesischen Kommunisten wurde ihm ein verlockendes Angebot gemacht. Sie würden ihm viel Geld geben, ein ganzes
Leben lang und ausreichend für seine Familie, und er dürfte

auch weiterhin seiner missionarischen Tätigkeit nachgehen, Hausgottesdienste abhalten, Gläubige besuchen und predigen, wenn er über zwei Dinge nicht sprechen würde: die Wiederkunft des Herrn und seine Auferstehung. Die Kommunisten kannten die christliche Lehre und wussten, was die entscheidenden Punkte sind. Über die Wiederkunft des Herrn zum Gericht sollte er nicht predigen, weil diese ein enormes Hoffnungspotenzial in sich trägt. Sie bedeutet, dass der Herr für Gerechtigkeit und einen Ausgleich sorgen wird. Er wird das richten, was Menschen verbogen haben, und jedem nach seinen Taten vergelten. Eng damit verbunden ist die Auferstehung Christi, denn diese bedeutet, dass mit dem irdischen Leben nicht alles vorbei ist, sondern das Entscheidende erst danach beginnt: das ewige Leben in der Herrlichkeit Gottes. Auch damit war ein großes Hoffnungspotenzial verbunden. Beide Glaubenswahrheiten gaben den Christen Kraft, in schwierigen, ja aussichtslosen Situationen auszuhalten und auf den Herrn zu vertrauen, denn ein Gott, der auf Golgotha am Ende ist, ist nicht der Gott der Bibel. Bruder Yun ließ sich nicht darauf ein und wurde darauf weiterhin massiv verfolgt. Heute lebt er in Deutschland.

Wir wollen und müssen in einem recht verstandenen Sinn anschlussfähig sein, weil wir sonst Menschen unserer Zeit nicht erreichen können. Aber vielleicht sind wir uns gar nicht bewusst, dass wir im Kern unseres Glaubens etwas bekennen, was in der damaligen Welt in keinster Weise Akzeptanz fand – weder der Tod noch die Auferstehung des Herrn. Die Christen hatten damals den Mut, zu diesem Glauben zu stehen, selbst wenn er ihnen Verfolgung und das Martyrium einbrachte. Wenn nur mehr eine Minderheit, selbst unter den Christen, daran glaubt, dass wir einmal mit einem verklärten Leib auferstehen werden, wenn dieses Fundament nicht mehr da ist, dann befindet sich jede weitere Glaubenslehre im luftleeren Raum und der christliche Glaube verkommt zu einer bürgerlichen Moral. Insofern muss die kirchliche Verkündigung alles daransetzen, den Menschen diese Glaubenswahrheiten wieder zu erschließen, auch wenn diese zunächst nicht eingängig sind und auf Schwierigkeiten stoßen; früher war es nicht anders.

Paulus hat es geradezu als das Charakteristische des Handelns Gottes in dieser Welt verstanden, dass er das Unzeitgemäße, das nicht Erwartete und Verachtete, erwählt hat, um die Weisen zuschanden zu machen. „Das Schwache in der Welt hat Gott erwählt, um das Starke zuschanden zu machen" (1 Kor 1,27). Der gekreuzigte Christus ist die Weisheit Gottes. Insofern müssen wir damit rechnen, dass etwas, was gesellschaftlich nicht anschlussfähig ist und abgewiesen wird, das sein kann, worauf es in den Augen Gottes ankommt. Dies sollte jene, die ihren Glauben am Zeitgeist ausrichten wollen, nachdenklich stimmen, denn hier geht es um alles, und es gibt keine Ermäßigung.

Weil Tod und Auferstehung des Herrn so fundamental für das Glaubensleben sind, sollen sie an dieser Stelle spirituell erschlossen und lebensrelevant gedeutet werden. Am Karfreitag des Jahres 1988 betete Papst Johannes Paul II. den Kreuzweg im Kolosseum mit Betrachtungen von Hans Urs von Balthasar. Er hatte sie unter den Titel „Zeichen des Widerspruchs" gestellt.[124] Bei der 12. Station, „Jesus stirbt am Kreuz", geht er auf die Worte Jesu am Kreuz ein und kommentiert sie, denn in ihnen ist Jesu Testament für die Kirche formuliert. Ich zitiere sie, stelle ihnen die entsprechenden Bibelstellen voran und kommentiere sie.

„Jesus aber betete: Vater, vergib ihnen, denn sie wissen nicht, was sie tun!" (Lk 23,34). „Der Vater soll, ja, er muss uns Armen, uns Ahnungslosen verzeihen: Ostern wird die große Absolution sein." Dass Gott Sünden vergibt, war eine Glaubenswahrheit des Alten Bundes. Dass diese Möglichkeit aber einzelnen Menschen zugesprochen wird und sie dies im Auftrag und in der Kraft Gottes tun können, war etwas geradezu Ungeheuerliches; dies konnte so nicht erwartet werden (Joh 20,23).

„Frau, siehe dein Sohn! Dann sagte er zu dem Jünger: Siehe, deine Mutter! Und von jener Stunde an nahm sie der Jünger zu sich" (Joh 19,26f.). „Die unbefleckte Mutter wird in die Kirche hinein verfügt, die bei aller Sündigkeit diesen unversehrten Kern bewahren wird." Der innerste Kern der Kirche ist heilig, weil er seinen Ursprung in Jesus Christus hat. Johannes nahm die Mutter zu sich, wörtlich übersetzt „in das Eigene", womit sein Haus gemeint ist. In Johannes sind wir Maria als geistlicher Mutter anvertraut und wie er eingeladen, sie in das eigene Haus aufzunehmen, in unser Leben einzulassen.

„Und in der neunten Stunde schrie Jesus mit lauter Stimme: Eloï, Eloï, lema sabachtani?, das heißt übersetzt: Mein Gott, mein Gott, warum hast du mich verlassen?" (Mk 15,34; Mt 27,46). „Die Gottverlassenheit ist das Wichtigste: Sie erkauft uns Kindern den immerwährenden Zugang zum Vater." Durch die Verlassenheit Jesu am Kreuz ist jede Gottesferne durchschritten und ausgelitten worden. Jesus zitiert den Anfang von Psalm 22. Es ist nahegelegt, dass Jesus den ganzen Psalm betet, der mit der Errettung des todgeweihten Armen und dem Vertrauen auf Gottes mächtiges Handeln in der Geschichte endet. Der Vater wird den Sohn nicht im Tod lassen. Er vollbringt eine erstaunliche Heilstat, von der auch künftige Generationen erzählen werden (Ps 22,32).

„Mich dürstet" (Joh 19,28). „Der Durst des ausgebluteten Körpers macht ihn zum ewig fließenden Quell: Wasser der Taufe, Blut der Eucharistie stillen unseren Durst." Der Ursprung der Sakramente liegt beim Pascha-Mysterium des

Herrn am Kreuz. Er dürstet, für uns fließen die Quellen des Heils. Jesu Leib ist der neue Tempel, der niedergerissen und in drei Tagen wieder aufgerichtet wird (Joh 2,20f.), aus dessen rechter Seite die Sakramente der Kirche entspringen: Das Blut steht für die Eucharistie, das Wasser für die Taufe. Ihr Ursprung ist das aufgestoßene Herz des Herrn. Sie sind Herzensgabe Christi, Geschenk seiner Liebe, denn dafür steht das Herz.

„Jesus aber schrie mit lauter Stimme. Dann hauchte er den Geist aus" (Mk 15,37; Mt 27,50). „Im großen Todesschrei sagt Gott uns alles, was nicht mehr in menschlichen Worten zu fassen ist: Die ewige Liebe übersteigt jedes Wort." Die meisten Bibelgelehrten interpretieren den Todesschrei Jesu als Zeichen des Sieges und der Überwindung. Deshalb folgt als unmittelbare Reaktion darauf das Bekenntnis des Hauptmanns: „Wahrhaftig, dieser Mensch war Gottes Sohn!" (Mk 15,39). Es kann somit kein Verzweiflungsschrei gewesen sein, was gelegentlich gesagt wird.

„Und er neigte das Haupt und übergab den Geist" (Joh 19,30). Jesu Geist wird zur Erde geneigten Hauptes ausgehaucht, um an Ostern der Kirche eingehaucht zu werden. Die Anhauchung der Jünger am Tag der Auferstehung (Joh 20,22) erinnert an den Geist, den Lebensodem, der dem Menschen von Gott bei der Erschaffung eingeblasen wurde (Gen 2,7). Es ist wie ein zweiter Schöpfungsakt, der die Jünger neu erschafft, von der Angst befreit und die Kirche konstituiert. Die Anhauchung bewirkt „Immunität gegen Angst und Tod, schon in der Gegenwart".[125]

„Es ist vollbracht!" (Joh 19,30). „So ist wirklich alles bis ins Letzte vollbracht." Am Kreuz ist alles vollbracht worden und alles enthalten, worauf es im christlichen Leben ankommt. Es steht im Mittelpunkt christlichen Lebens und christlicher Spiritualität.

„Und wer nicht sein Kreuz auf sich nimmt und mir nachfolgt, ist meiner nicht wert. Wer das Leben findet, wird es verlieren; wer aber das Leben um meinetwillen verliert, wird es finden" (Mt 10,38f.). Es sind schwierige Sätze, die aber zusammengehören und eine Sinneinheit bilden: Indem man das Kreuz auf sich nimmt und dem Herrn nachfolgt, wird man das Leben finden, im anderen Fall verlieren. Mit „Leben gewinnen" meinen wir meist den Erfolg im Beruf, das Streben nach Macht, Besitz, Reichtum, Lebensfreude und „Spaß". Nicht wenige sehen den Sinn des Lebens darin, ein Event nach dem anderen zu besuchen. Für diese „Werte" steht auch die Regenbogenpresse. Das Leben der Reichen, Schönen, Luxuriösen und Extravaganten, der Sinnlichen, die von einem Partner zum anderen wechseln, wird als erstrebenswert dargestellt, gleichsam seliggepriesen. Viele beneiden sie und wünschen sich, so zu leben wie diese. Das ist jedoch relativ. Jesus warnt uns nachhaltig davor, dass ein solches Verhalten leicht in ein „Immer mehr" hineinfließen kann und eine große Unfreiheit und Sinnleere, ja Überdruss und Ekel nach sich ziehen kann. Um nicht missverstanden zu werden: All diese Dinge – Streben nach Besitz, Reichtum und ein angenehmes Leben – sind nicht per se negativ. Wir sollen keine Menschen mit einer lebensverneinenden Einstellung sein, die vorsätzlich das Dunkle, Schwere und Leidvolle anstreben. Solche Zeiten hat es in der Christenheit gegeben; wir sind froh, dass dies Geschichte ist.

Die Ausrichtung auf rein Materielles bewirkt jedoch, dass man ganz darin aufgeht und keine größeren Sinnhorizonte mehr zulässt. Die Gefahr ist groß, ohne die Perspektive des Glaubens nur die positiven Bereiche des Lebens zu akzeptieren. Die negativen versuchen wir als „Unwerte" so weit wie möglich auszuschalten. Sie erscheinen wie verlorenes Leben. Das Kreuz ist aber ein Synonym für das Dunkle, das Beschwerliche und damit auch das zu Vermeidende. Krankheit, Leid und Konflikte sind für uns verlorene Zeit; es sollte sie nicht geben. Die Frage ist, wie wir damit in unserem Leben umgehen. Ludwig Mödl, früher Professor für Pastoraltheologie, lässt Jesus in einer fiktiven Rede in seinem Buch „Katholisch – aus Überzeugung" zu Wort kommen. Er geht dabei von der Erfahrung aus, dass fast alles geistlich Wertvolle aus Krisenzeiten hervorgegangen ist: „Du hängst einer Illusion nach, denn irgendwann wird dir all das, was du als ‚echtes Leben' erachtest, genommen. Dann hast du gar nichts mehr, ja, du hast einen großen Teil deines Lebens verpasst, wenn du negative Erfahrungen und Zeiten, die auch dir nicht erspart bleiben, für verlorene Zeit hältst, sie also als eigentliches ‚Nicht-Leben' erachtest. Nimmst du sie hingegen an, dann hast du die Chance, dass auch sie zu einem wertvollen Teil deiner Biografie werden können. Dann sind Zeiten, in denen du ein Kreuz tragen musst, keine verlorenen Zeiten. Auch ein Leben unter dem Kreuz ist echtes Leben, ja kann eine erfüllte Zeit werden, wenn du eine solche ‚Brachzeit' oder ‚Leidenszeit' als Chance siehst, innerlich zu reifen oder den Kontakt zum Ewigen zu intensivieren."[126] Er verweist auf das Beispiel Jesu, der sein Sterben aktiv gestaltet hat als Hingabe an den Willen des Vaters und für die Erlösung der Welt. Es wurde zum Höhepunkt seines Lebens: „Leiden aus Liebe, Sterben aus Liebe! Das ist intensivstes Leben ... Verkündet allen Menschen: Auch die Schattenseiten des Lebens sind wertvoll, denn sie künden von einem (nicht sichtbaren) Licht."[127] Wie fruchtbar das Leiden und Sterben Jesu war, haben wir schon gesehen. Ist es in unserem Leben nicht oft auch so, dass Leidenszeiten die intensivsten und im Rückblick vielleicht sogar die wichtigsten sind, weil wir sonst den Sinn des Lebens nicht gefunden hätten?

In dem Klassiker der Spiritualität „Empor den Karmel-
berg" des heiligen Johannes vom Kreuz (1542–1591) wird
der Weg der umwandelnden Liebe Gottes beschrieben. Die
Kreuzigung des Herrn ist nach ihm nicht nur für die Erlösung der Welt geschehen, sondern zeigt auch den Weg des
Glaubenden zum Heil auf, der über das Kreuz geht. Die
furchtbaren Leiden und Torturen, die ihm von seinen eigenen Ordensmitbrüdern zugefügt wurden, hat er als bewuss-
te Nachfolge des gekreuzigten Herrn angenommen. Am
Ende dieses Weges stehen nicht die Dunkelheit, der
Schmerz und die Zurückweisung, sondern die mystische
Hochzeit, das heißt die Erfahrung, schon im irdischen Leben vollkommen mit Christus vereint zu sein. Mit Worten
kann das kaum mehr beschrieben werden, was nach unvorstellbar mühsamem Aufstieg oben auf dem Berg Karmel
wartet: die vollständige Freiheit und Freude, das Einge-
senktsein in Gott, ein Leben in seiner ständigen Gegenwart.
Alles, was dem Vater gehört, ist auch vollkommen ihm zu
eigen gegeben (Lk 15,31).

7.

Eunuchen um des Himmelreiches willen
Zur Sexualethik im Neuen Testament

Was wohl die meisten Menschen interessiert, sind Fragen zum Thema der Sexualität. Schon eine einfache Auswertung bei Google zeigt dies. Wenn man „Gott" eingibt, erhält man 238 Millionen Treffer, beim Thema Sexualität sind es über 11 Milliarden (Stand: August 2022). Was lehrt Jesus zu diesem Thema, etwa im Hinblick auf die Unauflöslichkeit der Ehe? Das Nachsynodale Schreiben „Amoris Laetitia" von Papst Franziskus im Jahr 2016 hat diese Diskussion erneut angestoßen. Nun ist es wieder aktuell beim Synodalforum mit dem Thema „Leben in gelingenden Beziehungen – Liebe leben in Sexualität und Partnerschaft".

Meine Zeit als Kaplan nach der Priesterweihe liegt schon lange zurück (1986–1988). Wir hatten damals in der Augsburger Innenstadtpfarrei St. Anton ungefähr 30 Jugendgruppen. Ich erinnere mich an die erste Frage eines Jugendlichen, der mich mit römischem Kollar gesehen hatte: „Sind Sie konservativ?" Meine Kleidung hatte den Anstoß dazu gegeben. Junge Menschen sind direkt und fragen ohne Umschweife; sie wollen wissen, woran sie sind. Es ist klar, worauf er mit dieser Frage hinauswollte. Konservativ bedeutet in seiner Sichtweise verknöchert, rückwärtsgewandt, traditionell bis traditionalistisch, auf jeden Fall eines ganz bestimmt nicht: auf dem Stand der Zeit. Progressiv zu sein steht dagegen für fortschrittlich, zukunftsorientiert und weltoffen. Diese Darstellung ist schablonen- und klischee-haft, aber nicht ohne Bezug zur Wirklichkeit. Wir kennen diese Einsortierungen aus unserem eigenen Leben, auch wenn sie nicht immer der Wirklichkeit entsprechen.

Die Frage dieses Jugendlichen hat bei mir etwas ange-stoßen, nämlich die Frage, ob Jesus progressiv oder konser-vativ war. Zunächst kann es uns befremden, eine solche Fra-ge an Jesus heranzutragen. Als Sohn Gottes steht er doch wohl über solchen Einschätzungen von Menschen. Er ruht am Herzen des Vaters und hat von ihm Kunde gebracht (Joh 1,18). Wenn alles durch ihn und auf ihn hin erschaffen worden ist (Kol 1,16), kennt er uns durch und durch, beson-ders auch die Tiefe unseres Herzens. Seine Worte haben Ewigkeitswert, sind in unsere Zeitlichkeit hineingesprochen. Sie werden uns einst richten. Was er uns sagt, sind Worte des ewigen Lebens (Joh 6,68), die bleiben, egal wie wir das ein-sortieren, ob progressiv oder konservativ. Sie sind alt, weil sie aus der Ewigkeit Gottes kommen, und doch immer wie-der neu und überraschend. Jeder, der sich mit dem Wort Gottes beschäftigt und sich mit ihm auseinandersetzt, kennt diese Erfahrung: Es ist kein toter Buchstabe, sondern leben-dig und spricht uns an (Hebr 4,12), wenn wir es zulassen. Selbst wenn wir bestimmte Bibelstellen schon oft gehört ha-ben, kann es vorkommen, dass sie unvermittelt zur persönli-chen Anrede werden, uns mit Wucht treffen und eine Ent-scheidung verlangen. Die ewig alten Worte Gottes sind plötzlich erstaunlich lebendig und direkt.

Vor diesem Hintergrund scheint es wenig sinnvoll zu sein, die Worte Christi auf konservativ oder progressiv „ab-zuklopfen". Man kann dies aber dennoch tun, wenn man das Umfeld der damaligen Theologie bedenkt. Pharisäer, Sadduzäer, Schriftgelehrte und Hohepriester hatten auch eine Theologie, ein theologisches Denken, das von der Offenbarung Gottes im Alten Testament inspiriert war. Es gab dort Schulrichtungen und unterschiedliche theologische Positionierungen, mit denen Jesus immer wieder konfrontiert wurde, um ihm eine Falle zu stellen. Er sollte sich vor dem Hintergrund einer diskutierten Frage positionieren. Es ist interessant festzustellen, wie er sich damals verhalten hat.

Wenn wir dazu aufgefordert werden, Jesu Verhalten und seine Worte zu beurteilen, dann ist das nach der Einschätzung der meisten eindeutig progressiv gewesen. In der Bergpredigt sind uns sechs Antithesen überliefert: „Ihr habt gehört, dass gesagt worden ist ... Ich aber sage euch". Das Schwergewicht der Argumentation ruht nur auf dem eigenen Ich. Respektlos wischt er mehrfach die „Überlieferung der Alten" vom Tisch, wenn es um rituelle Reinheitsgebote geht (Mk 7,3; Mt 15,2) oder die Einstellung dem Sabbat gegenüber: „Der Sabbat wurde für den Menschen gemacht, nicht der Mensch für den Sabbat" (Mk 2,27). Man denkt hier vor allem an die Aktion, bei der Jesus den Tempel „aufräumt", indem er mit einer Geißel die Händler samt ihren Schafen und Rindern hinaustreibt. Das Geld der Wechsler schüttet er aus und ihre Tische stößt er um. Zu den Taubenhändlern sagt er: „Schafft das hier weg, macht das Haus meines Vaters nicht zu einer Markthalle!" (Joh 2,16). Im Musical „Jesus Christ Superstar" wird das choreografisch perfekt umgesetzt, kein Jesusfilm lässt sich diese Szene entgehen: Menschen stolpern über umgestürzte Tische, Geld rollt auf dem Boden, Geschrei von Händlern vermischt sich mit dem Blöken von Schafen und Rindern. Mittendrin Jesus wie ein zorniger Teenager mit der Geißel in der Hand. Er hat es dem Establishment so richtig gezeigt: „Friede den Hütten! Krieg den Palästen!" Jesus ist in dieser Sicht nicht konservativ, auch nicht progressiv, sondern geradezu revolutionär. Gerhard Lohfink hat in seinem Buch

„Die wichtigsten Worte Jesu" eine Auslegung von 70 Aussagen Jesu vorgenommen und fasst seine Ergebnisse so zusammen: „[Was] mir immer deutlicher vor Augen trat, ist die beispiellose Entschiedenheit, mit der sich Jesus von dem in der Gesellschaft ,Üblichen' distanziert. Üblich ist, mit seinen Freunden solidarisch zu sein und seine Gegner zu verachten oder sie zu beschädigen, wo es nur geht. Jesus verlangt von seinen Nachfolgern, selbst die Feinde zu lieben (Mt 5,44). – Üblich ist zurückzuschlagen, wenn einer uns angreift. Jesus verlangt von seinen Nachfolgern – wohlgemerkt: von seinen Nachfolgern und nicht vom Staat –, auch noch die andere Backe hinzuhalten (Mt 5,39). – Üblich ist, dass wir über jeden, mit dem wir zu tun bekommen, sofort unser kritisches Urteil zur Hand haben und es dann auch noch verbreiten, wo immer sich eine Gelegenheit ergibt. Jesus sagt seinen Nachfolgern: ,Was siehst du den Splitter im Auge deines Bruders ...' (Mt 7,3–5). – Üblich ist, sich überall und bei allem einen guten Platz zu sichern, einen Platz, der unserer Selbsteinschätzung entspricht und der zeigt, wer wir sind. Jesus verlangt von uns: ,Setz dich auf den letzten Platz ...' (Lk 14,10)."[128]

Dass Jesus auch ganz anders ist und in keine Schablone gepresst werden kann, zeigt die folgende Perikope. Die Pharisäer kommen zu Jesus, um ihm eine Frage zu stellen: „Darf man seine Frau aus jedem beliebigen Grund aus der Ehe entlassen?" (Mt 19,3). Damit wollten sie ihm eine Falle stellen. Worin diese bestand, ist für uns auf den ersten Blick nicht ersichtlich. Im Buch Deuteronomium ist geregelt, dass der Mann seine Frau aus der Ehe entlassen kann, wenn er „etwas Anstößiges" (Dtn 24,1) an ihr entdeckt. Auf diese Stelle berufen sich die Pharisäer. Damals gab es in dieser Frage zwei verschiedene Schulen der Auslegung, welche durch die Gelehrten Hillel und Schammai vertreten wurde.

Letzterer gab als Gründe für die Entlassung einer Frau aus der Ehe an: Ehebruch, ansteckende Krankheit, Geisteskrankheit und Kinderlosigkeit. Hillel, der frühere Lehrer von Schammai, vertrat dagegen die Meinung, dass alles, was dem Mann an der Frau missfällt, Anlass sein kann, sie zu entlassen, sogar ein schlecht gekochtes Essen. Das war die vorherrschende Meinung. Beide Richtungen waren patriarchalisch; die natürlichen Rechte der Frau wurden mit Füßen getreten. Sie war der Willkür ihres Mannes ausgeliefert. Als aus der Ehe Entlassene war sie schutz- und rechtlos. Die Pharisäer haben also eine damals diskutierte Frage aufgegriffen. Wie immer Jesus sich positioniert, ob in Richtung Schammai oder Hillel, sie können ihn von der je anderen Seite her attackieren.

Die Antwort Jesu erstaunt nicht nur, sondern sie ist geradezu frappierend und umstürzend, denn er verwirft in dieser für das Zusammensein von Mann und Frau so wichtigen Frage beide Schulrichtungen. „Habt ihr nicht gelesen, dass der Schöpfer sie am Anfang männlich und weiblich erschaffen hat und dass er gesagt hat: Darum wird der Mann Vater und Mutter verlassen und sich an seine Frau binden und die zwei werden ein Fleisch sein? Sie sind also nicht mehr zwei, sondern ein Fleisch. Was aber Gott verbunden hat, das darf der Mensch nicht trennen" (Mt 19,4–6). Im Hinblick auf die gesellschaftlich damals akzeptierten Positionen der Rabbinen Hillel und Schammai musste die von Jesus als „rechtsaußen", ultrakonservativ und reaktionär gelten. Er beruft sich auf den ursprünglichen Willen Gottes, den die Menschen verfälscht hätten, denn Mose hatte damals die Entlassung der Frau aus der Ehe aufgrund der Herzenshärte der Männer zugestanden; am Anfang der Schöpfung war dies aber nicht so, denn der Wille Gottes war und ist ein anderer; auf diesen hin korrigiert er die damals verbreiteten Einstellungen bezüglich der Ehe. Mit dem Kommen Jesu sind die Zeiten der Zugeständnisse und Kompromisse vorbei. Durch ihn wird der endgültige und für alle Zeiten geltende Wille Gottes manifestiert, denn mit ihm ist die Fülle der Zeit angebrochen (Mk 1,15). Wir sind ihm heute dafür dankbar, dass er sich gegen die damals akzeptierten Formen der Diskriminierung der Frau zur Wehr gesetzt hat. Wie modern und auf dem Stand der Zeit das ist, wird im Vergleich mit anderen Weltreligionen deutlich, die bis heute unbeweglich in Denkschablonen von Jahrhunderten oder sogar Jahrtausenden verfangen sind. Frauen werden wesentliche Rechte vorenthalten mit der Begründung auf eine angebliche göttliche Offenbarung. Jesus hat es nicht interessiert, ob seine Sicht akzeptiert oder von der Mehrheit getragen wurde. Was ihn bewegt hat, war das Kommen des Reiches Gottes und seine Gerechtigkeit. Dafür ist er eingetreten, auch wenn ihm das Widerstand und Ablehnung gebracht hat. Es gibt für ihn nur eine Anschlussfähigkeit: die an die Offenbarung Gottes, ob es den Menschen gefällt oder nicht. Selbst seine Jünger reagierten darauf mit Bestürzung: „Wenn das Verhältnis des Mannes zur Frau so ist, dann ist es nicht gut zu heiraten" (Mt 19,10). Wenn die Männer in der Ehe nicht schalten und walten können, wie sie wollen, wenn die Frau auch ihre Rechte hat, dann ist es besser, nicht zu heiraten, so ihre Schlussfolgerung. Sie haben verstanden, worum es geht. Doch Jesus macht keine Kompromisse. Er legt sogar noch nach: „Wer seine Frau entlässt, obwohl kein Fall von Unzucht vorliegt, und eine andere heiratet, der begeht Ehebruch" (Mt 19,9). Eine Frau allein war damals wirtschaftlich nicht überlebensfähig. Sie musste wieder heiraten. Der Mann trieb sie durch sein Verhalten in den Ehebruch und darauf stand die Todesstrafe. Die Männer müssten für ihr Verhalten mit dem Tod bestraft werden und nicht die Frau:

Das ist die Konsequenz, die Jesus zwar nicht expressis verbis gefordert hat, die sich aber aus seinen Worten ergibt.

Die Unauflöslichkeit einer sakramental geschlossenen Ehe verteidigt die Kirche bis heute mit Berufung auf Jesu Wort. Sie ist fünfmal im Neuen Testament überliefert und als göttliches Recht nicht verhandelbar. Es kann allenfalls besondere Situationen geben, durch die eine Ehe von Anfang an nicht gültig zustande gekommen ist und somit annulliert werden kann. Dies muss im Einzelfall geprüft werden, wie es Papst Franziskus in seiner Enzyklika „Amoris laetitia" dargelegt hat: Annahme, Wegbegleitung, Unterscheidung und dann erst eine Entscheidung seien hier die notwendigen Schritte. Es kann besondere Situationen geben, aber grundsätzlich gilt, auch um des Wohls der Kinder willen, dass der einmal geschlossene Bund zwischen Mann und Frau genauso wenig revidierbar ist wie jener von Christus und seiner Kirche.

„Herr Kaplan, sind Sie konservativ oder progressiv?", wurde ich damals gefragt, als ich meine Kaplansstelle in Augsburg antrat. Meine Antwort lautete: „Ich bin katholisch, falls Sie das meinen."

Die andere Denkweise Jesu hinsichtlich der Unauflöslichkeit der Ehe betrifft auch seinen persönlichen Lebensstil, seine Ehelosigkeit um des Himmelreiches willen: „Die Füchse haben Höhlen und die Vögel des Himmels Nester; der Menschensohn aber hat keinen Ort, wo er sein Haupt hinlegen kann" (Mt 8,20). Da er ständig unterwegs ist, weiß er nicht, wo er morgen sein wird. Er hat kein wirkliches Zuhause, keinen Ort, wo er hingehört. Es gibt in seinem Leben keine Familie, keine Gattin, die ihn mit ihrer Liebe beschenkt und die für ihn so wichtig ist wie die Luft zum Atmen. Nicht selten kommt er sogar in Ortschaften, wo er nicht willkommen ist. Hat er seinen ehelosen Lebensstil aufgrund von Leibfeindlichkeit, einer Art Weltflucht, Rigorismus oder gar Fanatismus gewählt? In Matthäus 19,12 gibt Jesus Antwort auf diese Frage, die ich in wörtlicher Übersetzung wiedergebe: „Es gibt Eunuchen, welche aus dem Mutterleib so geboren wurden, und es sind Eunuchen, welche von den Menschen zu Eunuchen gemacht worden sind, und es gibt Eunuchen, welche sich selbst wegen des Reiches der Himmel zu Eunuchen gemacht haben. Wer es fassen kann, der fasse es." Auffällig ist, dass in diesem kurzen Text fünfmal von Eunuchen die Rede ist. Es handelt sich hierbei um Kastrierte. Jesus nennt drei Möglichkeiten: Es gibt Männer, die so auf die Welt kommen, weil ihnen die entsprechenden Organe von Geburt an fehlen. Andere wurden von Menschen dazu gemacht; man hat sie nicht danach gefragt, sie wurden kastriert. Und schließlich existieren solche, die sich selbst kastriert haben. Die Aussage ist klar: Es gibt Menschen, die von Geburt an durch genetische Defekte unfähig zur Ehe sind, sie sind nicht zeugungsfähig; es gibt jene, die dazu gemacht worden sind, und solche, die aus freiem Entschluss ehelos leben. Jesus formuliert nicht vornehm, sondern drastisch und zugleich herausfordernd wie an vielen anderen Stellen auch. In Israel war jede Art von Kastration strengstens verboten. Bei den Zeitgenossen Jesu und besonders den Rabbinen war Ehelosigkeit verpönt: „Die Erzeugung von Nachkommen galt den Rabbinen unter Berufung auf Genesis 1,28 (‚Wachset und mehret euch') als Pflichtgebot. ‚Wer sich nicht mit der Fortpflanzung befasst, ist wie einer, der Blut vergießt', wird später Rabbi Eliezer (um 90) sagen. Und Rabbi Eleazar (um 270): ‚Wer keine Frau hat, ist kein Mensch, denn es heißt: Als Mann und Frau schuf er sie, er segnete sie und nannte ihren Namen Mensch' (Gen 5,2). Woher kommt die Drastik und die Zugespitztheit der Formulierung Jesu?"[129] Die Frage nach dem

Sitz im Leben ist nicht schwer zu beantworten, wenn man bedenkt, wofür Jesus von seinen Gegnern, die vor nichts zurückschreckten, beschuldigt wurde. Man betrachtete ihn als Samariter, Fresser und Säufer, als jemanden, der mit dem Obersten der Dämonen im Bund sei, als einen Freund von Zöllnern und Sündern und nun aufgrund seiner ehelosen Lebensform auch als einen Kastrierten. Jesus nimmt ein Wort seiner Gegner auf, womit sie ihn lächerlich machen wollten, und wendet es ins Gegenteil. Sinngemäß lautet die Übersetzung dann so: Es gibt Kastrierte aus reiner Freiheit und freiem Entschluss um der Gottesherrschaft willen. Wer es fassen kann, der fasse es.

Das in unserem Kontext Entscheidende ist, dass Jesus seine eigene Ehelosigkeit mit der Trennung der Jünger von ihren Familien und Frauen in Verbindung bringt. Es gibt also auch für sie die freie Entscheidung zur Ehelosigkeit um der Gottesherrschaft willen. Das wird nicht jeder begreifen, und auch nicht jeder ist dazu berufen. „Aber wer es begreifen kann, der hat etwas Wesentliches von der Gottesherrschaft verstanden … Aber wer hören wollte, konnte hören: Seine Ehelosigkeit war kein blindes Schicksal und sie war erst recht kein Zufall. Sie war auch kein Randphänomen seiner individuellen Lebensgeschichte. Sie hing mit seiner absoluten Hingabe an die Gottesherrschaft zusammen. Die Ehelosigkeit gehört in die Personmitte Jesu hinein. Von daher wird dann noch einmal tiefer verständlich, wieso Jesus auch von anderen fordern kann, ihre Familien zu verlassen, ihre ehelichen Beziehungen zu unterbrechen oder alle Bindungen an Haus, Beruf und Heimat aufzugeben."[130] Für unsere Fragestellung nach dem Zeitgeist oder dem Geist der Zeit ist es wichtig festzuhalten, dass Jesus alternativ zu dem damals gesellschaftlich anerkannten und verbreiteten Verhalten ehelos gelebt hat, was für einen Mann eindeutig verpönt war.

Man kann heute natürlich darüber diskutieren, ob es sinnvoll ist, einen Rat, den Jesus seinen Jüngern gegeben hat, in ein verpflichtendes Gesetz zu gießen, wie es in der lateinischen Kirche der Fall ist. Verstehen kann man es aber nur vom skizzierten biblischen Hintergrund her. Die Ehelosigkeit um des Reiches der Himmel willen ist nicht von vornherein eine defizitäre Lebensform. Um des Herrn willen, so hat es auch Paulus später formuliert, gibt es Menschen, die deshalb auf eine Ehe verzichten, um ganz und gar für den Dienst am Reich Gottes verfügbar zu sein (1 Kor 7,25–38).

Roger Schutz, der Gründer der Gemeinschaft von Taizé in Burgund, meinte, dass die Kirchen, die aus der Reformation hervorgegangen sind, eine Mauer des Schweigens um diese Worte des Herrn gebildet hätten. Man ignoriert sie, sagt einfach nichts dazu, so als ob sie nicht existieren würden. Das ist keine Lösung, zumal nicht für die katholische Kirche. Auf jeden Fall muss man sich mit dem auseinandersetzen, was Jesus gelebt und von seinen Jüngern eingefordert hat. Menschen, welche die Ehelosigkeit als Lebensform Jesu wählen, sind nicht von vornherein solche, die mit ihrer Sexualität nicht zurechtkommen und sich dann in die Ehelosigkeit hinein flüchten. Wo die Ehelosigkeit um des Himmelreiches willen glaubwürdig gelebt wird, ist sie, zumal in der heutigen sexualisierten Umwelt, ein starkes Zeichen, das manchmal Ablehnung, viel öfter aber Fragen und Neugierde hervorruft. Das ist zumindest meine Erfahrung.

Es war in diesem Abschnitt nicht intendiert, eine grundsätzliche Sicht der Sexuallehre der Kirche darzulegen, sondern die für unsere Thematik so wichtige Frage nach der Sicht Jesu zur Ehe und seiner eigenen Lebensform, der Ehelosigkeit um des Himmelreiches willen, zu erörtern. Bei beiden Themen war Jesu Wort und Handeln querständig zu

112

dem damals Üblichen; das gilt auch im Hinblick auf vor- und außereheliche Geschlechtsbeziehungen.

Die österreichischen Bischöfe haben sich in ihrem Pastoralschreiben vom 16. Januar 1967 dazu und zu anderen damals relevanten Punkten geäußert. Mit dem Konzil ist viel in Bewegung und Aufruhr geraten. Was bisher selbstverständlich war, wurde hinterfragt. Die Bischöfe gaben damals auf drängende Fragen der Zeit Antwort wie auf die Entmythologisierung der Bibel, die Frage der Gültigkeit der Feier der Eucharistie ohne Gemeinde, die Sinnhaftigkeit täglicher Zelebration, die Notwendigkeit des Amtes in der Kirche und schließlich auch zu einigen Moralfragen auf dem Gebiet der Sexualität. Sie schrieben damals: „In Vorträgen wurde schon ausgesprochen, der voreheliche Geschlechtsumgang sei in der Bibel nirgends verboten. Desgleichen, die Schamhaftigkeit habe im Familienbereich keinen Raum. Im Familienraum gehe also nichts gegen die Schamhaftigkeit. Was ist dazu zu sagen? In Epheser 5,3 heißt es: ‚Unzucht, jederlei Unreinheit oder Habgier soll es unter euch nicht einmal dem Namen nach geben, wie es sich für Heilige ziemt.' Was hier mit ‚Unzucht' übersetzt ist, heißt im Urtext *porneia. Porneia* aber ist nach den besten griechischen und neutestamentlichen Wörterbüchern der außereheliche Geschlechtsumgang jeder Art … Zur Ergänzung ist zu sagen, dass für den Ehebruch im Griechischen durchaus ein anderes Wort zur Verfügung steht, nämlich *moicheia*. Wie kann also gesagt werden, dass in der Bibel oder im Neuen Testament im Besonderen kein Verbot des außerehelichen Geschlechtsumganges ausgesagt sei? Sicher wird es vor Gott nicht ganz das Gleiche sein, wenn sich ein junger Mann mit seiner Braut, der er die Ehe versprochen hat, verfehlt, wie wenn sich jemand ganz zuchtlos mit Mädchen geschlechtlich abgibt. Deswegen haben wir aber nicht das Recht zu sagen, das sei erlaubt, weil ja im Neuen Testament auch in der unmittelbaren Lehre Jesu die unbedingte Ablehnung jedes außerehelichen Umganges, auch schon in Gedanken, ausgesprochen wird. Dafür könnten noch viele Belegstellen angeführt werden."[131] An diesem biblischen Befund hat sich nichts geändert; er ist nach wie vor gültig. Jeder kann sich davon überzeugen und im „Katechismus der Katholischen Kirche" nachlesen (2351 bis 2356). Sexualität ist eine Gottesgabe und darf nicht wie in früheren Zeiten von vornherein als etwas Negatives verdächtigt werden. Es darf aber auch keiner undifferenzierten Naivität das Wort geredet werden, sondern es gilt auch hier der Slogan der Betonindustrie: Es kommt darauf an, was man daraus macht.

8.

Die Konfrontation mit der Vertikalen

Das prophetische Amt in der Kirche

Das dreifache Amt Christi als Priester, Prophet und König findet seine Entsprechung in der Kirche. Besonders Papst Johannes Paul II. hat in seinen Schreiben mehrfach die königliche, priesterliche und prophetische Würde des Gottesvolkes betont. Letzteres ist für unsere Thematik näher zu betrachten. Nach den geschichtlichen und biblischen Darlegungen werde ich nun auf Fragestellungen der heutigen Zeit eingehen. Das prophetische Amt ist heute mehr denn je eine wichtige Aufgabe der Kirche. *Prophetisch* bedeutet nicht nur, etwas, was unbekannt ist und in der Zukunft liegt, vorherzusagen – das kann auch damit gemeint sein –, sondern das Wort Gottes den Menschen so auszulegen, dass sie dadurch ihr Leben und Ereignisse ihrer Zeit im Licht der Offenbarung Gottes deuten und verstehen können. In allen Epochen hat es aber auch falsche, selbst ernannte Propheten gegeben, deren Kennzeichen es war, dass sie die Menschen in ihrem sündhaften Verhalten bestärkten und Auflehnung gegen das Wort Gottes predigten. Es war bisweilen relativ schwierig, zwischen einem echten und einem falschen Propheten zu unterscheiden. Letztere waren wie eine Pest, denn sie brachten das Volk in Verwirrung; so entstand eine große Konfusion. Meist richteten sich die Menschen aber nach ihnen, weil sie ihnen die Umkehr ersparten und nach dem Mund redeten. „Wüstes, Grässliches geschieht im

115

Land: Die Propheten weissagen Lüge und die Priester richten ihre Lehre nach ihnen aus; mein Volk aber liebt es so. Doch was werdet ihr tun, wenn es damit zu Ende geht?" (Jer 5,30f.).

Propheten hatten damals, wenn sie von Gott gesandt waren, eine sehr bedeutsame Aufgabe: Sie hatten den meist unangenehmen Auftrag, die Ereignisse ihrer Zeit im Licht Gottes zu reflektieren und den Menschen auszulegen, indem sie diese zur Umkehr, zu Gebet und Fasten aufriefen. Warum der Auftrag eines echten Propheten mit vielen Schwierigkeiten verbunden war, wird deutlich, wenn die drei Stoßrichtungen echter prophetischer Kritik bedacht werden:

Sie haben erstens soziale Gerechtigkeit eingefordert. Arme, sozial Benachteiligte wie Witwen und Waisen wurden oft bedrängt und um ihr Recht und Eigentum gebracht. Es war relativ leicht, ihnen das wenige, was sie hatten, auch noch wegzunehmen. Gott, vertreten durch den Propheten, war immer ihr Anwalt. Deshalb heißt es auch unmittelbar vor den oben zitierten Versen: „Auch sündigen sie durch ruchloses Tun. Das Recht pflegen sie nicht, dem Recht der Waisen verhalfen sie nicht zum Erfolg und die Sache der Armen entscheiden sie nicht" (Jer 5,28). Das wäre die Aufgabe eines echten Propheten gewesen: für die Armen einzutreten und den Reichen und Mächtigen das Gericht Gottes anzukündigen, wenn sie deren Rechte mit Füßen treten.

Zweitens bestand eine weitere Aufgabe der Propheten darin, Scheinheiligkeit und Heuchelei beim Gottesdienst aufzudecken und ins Wort zu bringen. Es nützt nichts, wenn in der Liturgie Weihrauchschwaden aufsteigen, große Opfergaben dargebracht und fette Tiere geschlachtet und als Brandopfer dargebracht werden, Gott aber dann sagen muss, dass sein Volk ihn mit den Lippen ehrt, sein Herz aber fern von ihm hält (Jes 29,13). Eine klassische Stelle dieser Art neben vielen anderen ist die Tempelrede des Propheten Jeremia: „Was noch? Stehlen, morden, die Ehe brechen, falsch schwören, dem Baal opfern und anderen Göttern nachfolgen, die ihr nicht kennt – und ihr kommt und tretet vor mein Angesicht in diesem Haus, über dem mein Name ausgerufen ist und sagt: Wir sind geborgen, um dann weiter alle jene Gräuel zu treiben" (Jer 7,9f.). Die Propheten forderten den Einklang von Leben, Sittlichkeit und Gottesdienst. Solche schroffen Reden wurden aber weder vom Volk noch von den Priestern, den (falschen) Propheten, Beamten und Königen von Jerusalem akzeptiert. Ihr Urteil lautete: „Du musst sterben" (Jer 26,8), denn Jeremia habe Aufruhr im Haus des Herrn gepredigt, worauf die Todesstrafe steht. Nur mit Mühe hat er sein Leben retten können, obwohl es Worte Jahwes waren, die er ausgerichtet hatte. Nur wenn das Volk umkehrt, gibt es noch eine Zukunft, war seine Botschaft.

Noch schwieriger war die dritte Aufgabe eines echten Propheten: die Verantwortlichen und die Regierenden, besonders den König, an Recht und Gesetz zu erinnern und daran, dass sie dem Volk dienen und ihr Handeln am Wort Gottes ausrichten müssen. Sie sollten die Götzendienste im Land, vor allem den Kult des Baal, nicht begünstigen, sondern beseitigen. Exemplarisch sei hier auf das Auftreten des Propheten Elija verwiesen, der als der Prophet schlechthin gilt. König Ahab von Israel (871–852 v. Chr.) hatte sich durch einen Mord einen Weinberg angeeignet und war gerade dabei, von diesem Besitz zu ergreifen. Da erging das Wort des Herrn an Elija, das er dem König ausrichtete: „Weil du dich hergabst, das zu tun, was dem Herrn missfällt, werde ich Unheil über dich bringen. Ich werde dich entfernen und von Ahabs Geschlecht alles, was männlich ist, ob unmündig oder mündig, in Israel ausrotten" (1 Kön 21,20f.). Der König begegnete dem Propheten mit offener Feindseligkeit und bezeichnete ihn als seinen Feind (1 Kön 20,20), beugt sich aber dann doch dem vernichtenden Urteil Gottes und demütigt sich vor ihm mit Bußübungen. Königin Isebel hatte zuvor Elija nach dem Leben getrachtet; er hatte sich ihr durch Flucht entzogen.

Als Jeremia durch seinen Sekretär Baruch König Jojakim von Juda (609–598 v. Chr.) die bevorstehende Strafe für seine Untaten und die des Volkes in Form einer Invasion durch den König von Babel vorhielt, der das Land erobern und Mensch wie Vieh wegführen würde, war das für ihn lebensgefährlich (Jer 36).

Kaum ein Prophet ist eines natürlichen Todes gestorben. Falsche Propheten haben nie solche Aufgaben übernommen, weil sie sich nicht in Gefahr bringen wollten. Ähnlich war das auch bei den Propheten außerhalb Israels, denn das Phänomen der Prophetie war im Alten Orient weitverbreitet. Heftige Kritik am König und dem Beamtentum wurde äußerst verhalten vorgebracht, wenn überhaupt. Allenfalls wurde Kritik am Kult geübt, wenn dieser vernachlässigt wurde. Eine radikale Kritik an den Verantwortlichen in Religion und Politik bis hin zu Gerichtsansagen wie bei den echten Propheten Israels findet man bei außerbiblischen Propheten nicht. Das Kennzeichen der falschen Propheten bestand durchwegs darin, dass sie Heil ankündigten, wo es keines gab, statt zur Umkehr aufzurufen. Sie haben im Gegenteil die Menschen auf ihren verkehrten Wegen bestärkt und den einzig möglichen Weg aus der Krise versperrt. Ohne Vertrauen auf Gott und Befolgen seiner Weisungen gibt es aber keine Zukunft: „Glaubt ihr nicht, so bleibt ihr nicht" (Jes 7,9). Entscheidend wäre gewesen, die Beziehung zum Nächsten, besonders zu den Armen, vor allem aber zu

Gott durch eine Bekehrung des Herzens und einen Kult, der im täglichen Leben das wiedergibt, was dort gefeiert wurde, neu zu ordnen. Sie erweckten den Schein von Legitimität, indem sie die Botenformel verwendeten „So spricht der Herr" oder „Spruch des Herrn" oder „Der Mund des Herrn hat geredet" oder „Hört die Worte des Herrn". Die Propheten, die nicht von Gott gesandt waren, verkündeten lediglich ihre eigene Meinung, die den Priestern willkommen war, denn sie richteten ihre Lehre nach ihnen aus. Den Menschen wurde nach dem Mund geredet, weil sie das, was Gott ihnen mitteilen wollte, nicht hören wollten: „Mein Volk aber liebt es so!" (Jer 5,31).

Kann das aber wirklich so in dieser Allgemeinheit gesagt werden? Wollen die Menschen belogen werden nach dem Motto: Es soll ja niemand kommen, der uns auffordert, unser Leben zu ändern! Der dänische Philosoph und Theologe S. Kierkegaard (1813–1855) hat diese Erfahrung sinngemäß so formuliert, dass niemand so sehr gehasst wird wie jener, der die Leute zur Umkehr auffordert und anders lebt. Letztlich erwarten die Menschen von Repräsentanten der Kirche nicht, einfach nur das nachzuplappern, was ankommt, Beifall findet und beklatscht wird, sondern eine Antwort von der Offenbarung Gottes her.

Roman Herzog (1934–2017) ist in seiner Rede anlässlich der Festveranstaltung „150 Jahre Deutscher Katholikentag" am 11. Juni 1998 in der Frankfurter Paulskirche, als er deutscher Bundespräsident war (1994–1999), auf diese Thematik von echter und falscher Verkündigung eingegangen: „Was ich vom kirchlichen Engagement erwarte – und zwar nicht nur als Person, sondern dezidiert von meinem Amt her –, ist, um es vorsichtig zu sagen, die Konfrontation der Menschen mit einer Vertikalen, mit der ‚ganz anderen' Perspektive. Zu vieles, was Staat und Gesellschaft heute beschäftigt, macht den Eindruck, es gehe um Allerletztes und Allerwichtigstes. Die Kirche aber sollte daran erinnern, dass viele unserer Debatten sich – im besten Fall – um Vorletztes drehen. Das scheint mir die Aufgabe der Kirche zu sein, die heute am notwendigsten ist."[132] Die Kirche soll die Menschen mit der Vertikalen konfrontieren, der Perspektive Gottes. Das ist ihr genuiner prophetischer Auftrag, dem sie nicht ausweichen darf. Sie darf sich nicht in tagesaktuellen Geschehnissen verlieren, weil dies nicht ihre Sendung ist, sondern muss diese im Licht der Offenbarung reflektieren und von dort her Antwort geben. Letzter Bezugspunkt ist aber immer Gott und nicht das Zeitgeschehen. Auch der Ministerpräsident von Baden-Württemberg, Winfried Kretschmann, hat sich in einem Interview mit der „Herder-Korrespondenz" vom 5. Oktober 2021 so geäußert: „Ich bin für diese Kämpfe einfach zu alt, ganz platt gesagt. Ich habe in diesen Fragen so viel gekämpft und bin müde geworden ... Ich beschäftige mich mehr mit der Gottesfrage, die letztlich viel wichtiger ist. Der größte Teil der Menschen verlässt die Kirche, weil sie den Glauben verloren haben. Vieles, was uns an der katholischen Kirche nicht gefällt, haben die Evangelischen und es geht ihnen auch nicht besser. Und trotzdem hoffe ich auf die Ökumene."[133] Es ist erstaunlich, dies von einem Politiker zu hören, der im Tagesgeschäft der Politik steckt und sich doch so grundsätzlich äußert; das würde man von einem Hirten unserer Kirche erwarten.

Die entscheidenden Fragen sind anders als das, was uns derzeit als angeblich so wichtig vermittelt wird: Lebe ich das, wofür ich einmal Rechenschaft ablegen muss, das Hauptgebot der Gottes- und Nächstenliebe? Suche ich die Erfüllung meiner tiefsten Sehnsucht in Gott, weil ich auf ihn hin geschaffen bin, wie Augustinus sagt? Wie gestalte ich mein Leben, sodass es für mich sinnhaft und stimmig ist? Wenn es stimmt, dass Gott existiert, dann hat er einen Auftrag für mich, eine Sendung für mein Leben, der nur ich selbst unvertretbar nachkommen kann. Es kommt darauf an, diese zu erkennen und ihr gerecht zu werden im Wissen darum, dass der himmlische Vater den bestmöglichen Plan für mein Leben und dessen Gelingen hat; diesen kann ich nicht selbst entwerfen und er ist oft überraschend. Die Australierin Bronnie Ware hat Sterbende begleitet und die Erfahrungen, die sie hierbei gemacht hat, in dem Buch „5 Dinge, die Sterbende am meisten bereuen" niedergelegt. Auf dem Sterbebett kehrt Ehrlichkeit ein und es geht darum, was letzten Endes wirklich zählt. Vieles, was bisher wichtig war, wird relativ; es hat sich aber in unguter Weise in den Vordergrund gedrängt. Über 70 Prozent der von ihr befragten Personen im Hospiz gaben an, sie hätten am Sinn ihres Lebens vorbeigelebt. Sie haben sich leben lassen, ihre eigenen Wünsche hintangestellt und deshalb auch nicht das realisiert, was Gott ihnen als Auftrag für ihr Leben gegeben hat. Die Arbeit hätte zu viel Zeit in Anspruch genommen, die sie besser in die Beziehungspflege, besonders mit ihrer Familie und ihren Freunden, investiert hätten. Auf dem Sterbebett ist es aber zu spät, dies zu ändern.

Wenn Menschen in einer psychosomatischen Klinik landen, dann meist deshalb, weil sie destruktiven Lebensmustern gefolgt und falschen Glaubenssätzen erlegen sind. Hinweise, dies zu ändern, oft auch in Form von Krankheiten und Schicksalsschlägen, wurden ignoriert. Wenn sie diesen Weg weitergehen, zerstören sie sich selbst und ziehen Menschen in ihrer Umgebung in Mitleidenschaft. Wie können aber Muster, die oft ein ganzes Leben lang befolgt wurden und deshalb mächtig geworden sind, geändert werden? Diese Frage treibt sie um. Dass Veränderung notwendig ist, an dieser Einsicht führt kein Weg mehr vorbei. In der Therapie können sie meist das Neue in Konturen schon erkennen. Sie wissen nun, was sie anders und besser machen müssen, wie sie in Zukunft ihr Leben führen sollten, aber es ist noch nicht internalisiert und tragfähig worden; es ist noch keine innere Wirklichkeit in ihrem Leben geworden. Sie befinden sich in einer Zwischenstufe, gewissermaßen im Niemandsland. Viele von uns kennen diese elende und missliche Situation, auch wenn sie nicht in einer Klinik waren: Das Alte bricht weg, das Neue ist noch nicht tragfähig und nur vage erkennbar. Diese Zeit ist nur schwer auszuhalten und von vielen Umbrüchen und Rückschlägen begleitet. Erst nach und nach gewinnt das Neue und Bessere an Kontur und Gestalt. Ich glaube, dass sich unsere Kirche in einer ähnlichen Umbruchsituation befindet.

Joseph Ratzinger hat schon 1977 in „Dogma und Verkündigung" geschrieben: „Israel murrt gegen seinen Gott und will ‚zurück ins Heidentum'. Ist darin nicht auch unsere Situation beschrieben? Kirche ist heute in einer ganz neuen Weise ... in die Zeit der Wüste hineingeschickt. Sie hat so viele Behausungen und Sicherungen verloren. Nichts von dem, was sie zu tragen schien, hält mehr." Auch an die Kirche unserer Zeit „drängen sich die Halluzinationen der Wüste, ihre Versuchungen heran. Auch ihr legt sich nahe, da der ferne Gott so ungreifbar geworden ist, es mit dem Näheren zu versuchen, die Weltlichkeit selbst als Christlichkeit zu erklären, das Aufgehen in der Welt als den wahren Dienst Jesu Christi auszulegen."[134] Die Versuchung besteht darin, sich der Welt anzugleichen und ihre Verhaltens- und Sichtweisen kritiklos zu übernehmen in der Illusion, dadurch den Menschen einen Dienst zu erweisen. Die Spannung aus Offenbarung und gesellschaftlicher Wirklichkeit in dieser Umbruchszeit wird nicht ausgehalten. Weltlichkeit wird als wahre Christlichkeit ausgelegt und einer undifferenzierten Anpassung an die gesellschaftliche Wirklichkeit das Wort geredet. Immer wieder ist zu hören, dass die Kirche die „Zeichen der Zeit" vernehmen und sich danach ausrichten müsse. Dieser Begriff wird geradezu inflationär gebraucht, um in der Kirche radikale Veränderungen anzustoßen, weil die Welt der Kirche angeblich an Erkenntnissen voraus sei. Diese werden „fast euphorisch zu einer theologischen Erkenntnisquelle nahezu ersten Ranges für die Reform der Kirche hochstilisiert".[135] Es ist erstaunlich, wie sehr hier das Neue Testament ignoriert wird, denn mit „Zeichen der Zeit" ist im Evangelium keinesfalls die gesellschaftliche Realität gemeint, sondern einzig und allein die Machttaten Jesu und dessen Verkündigung der Gottesherrschaft. „Die Liebe zu Jesus und seinen Worten müsste die eigentliche Quelle jeder kirchlichen Reformbewegung sein."[136]

Viel Geduld und Unterscheidung der Geister ist angesagt, denn nur so kann eine Krisenzeit zur Chance für einen Neuaufbruch werden. Die Versuchung, sich so zu verhalten, ist deshalb so stark, weil wir Angst haben, dass es uns so geht wie den Propheten. Wer sich wie die echten Propheten damals gegen die herrschende Meinung stellt, wird mit sozialer Ächtung bestraft: Wer will das schon? Bischof Dr. Bertram Meier formulierte das in einer Predigt einmal so, dass wir alle in der Gefahr stünden, Bühnenmenschen zu werden. Auf der Bühne des Lebens liefern wir ein Schauspiel ab, hinter dem das eigentliche Leben aber verschwindet. Hauptmotiv ist: *Non fare una brutta figura.* Auf keinen Fall eine hässliche Figur abgeben!

Schon von der Struktur der Kirche her ist es ihre Aufgabe, querständig in die Zeit hineinzusprechen. Ein Amt in der Kirche ist etwas anderes als das Mandat eines Politikers, der sich der Wahl der Bürger stellen muss. Im kirchlichen

Dienst dagegen geht es um eine Berufung, die Gott geschenkt hat und die von der Kirche geprüft wird. Es ist ferner kein Amt, das auf Zeit gegeben ist. Dies erlaubt der Kirche und ihren Vertretern dort, wo es notwendig ist, um Gottes und der Menschen willen Positionen zu vertreten, welche der Mehrheitsmeinung entgegenstehen. Die relative Unabhängigkeit, die die Kirche hat, macht dies möglich; deshalb ist es ihre genuine Aufgabe, zu den Fragen der Zeit kritisch Stellung zu beziehen. In der derzeitigen Umbruchszeit wird vieles verloren gehen, wie etwa die privilegierte Stellung der Kirche in der Gesellschaft, und manches wird sich verändern. Die Kirchenkrise hat noch gar nicht richtig begonnen. Umbruchszeiten sind meist auch Krisenzeiten und umgekehrt. Trotz und gerade deshalb braucht es prophetische Inspiration, die von Gott her in die Zeit hineinspricht und aufzeigt, was bleibend und was veränderlich ist. Es braucht viel Heiligen Geist und Unterscheidungsvermögen, dies zu tun. Niemand kann der Kirche diese Aufgabe abnehmen. Wenn sie dieser Verpflichtung nicht nachkommt und ihre Botschaft sogar noch der Welt angleicht, verfehlt sie ihren Auftrag, stellt sie eine Verdoppelung zum bereits Vorhandenen dar und macht sich damit überflüssig. Die Folge davon ist, dass sie immer mehr an Bedeutung verliert und die Menschen in Scharen aus einer solchen Kirche flüchten, weil sie ihnen nichts mehr zu sagen hat.

In seinem Schreiben an das pilgernde Volk Gottes in Deutschland vom 29. Juni 2019 übt der Papst ein prophetisches Amt aus und stellt im Vorwort fest, dass wir nicht nur in einer Zeit der Veränderungen, „sondern vielmehr in einer Zeitenwende" leben. Die Kirche muss sich damit auseinandersetzen, wie sie mit der dramatischen Erosion und dem Verfall des Glaubens umgeht; selbst in traditionell-katholischen Gebieten sei dieser festzustellen. Der Weg könne nur unter der Führung des Heiligen Geistes durch intensives Hinhören gegangen werden. Man muss lernen, „den immer neuen Horizont zu erkennen, den er uns schenken möchte".[137] Es sei davon auszugehen, dass die Kirche nie vollkommen ist und auch nicht alle Fragen und Probleme gleichzeitig lösen könne. Es sei verfehlt, voreilige und mediale Folgen rasch sehen zu wollen, denn diese würden sich bald verflüchtigen. Es sei viel mehr verlangt als nur ein „struktureller, organisatorischer und funktionaler Wandel".[138] Völlig verfehlt sei das Vertrauen auf den perfekten Apparat. Reorganisieren und Zurechtflicken sei das Ergebnis einer verweltlichten geistigen Haltung und eines gasförmigen Christentums. Spannungen und Ungleichgewichte müssten ausgehalten werden, „weil sie neues Leben verheißen".[139] Eine kirchliche Gemeinschaft dürfe nie darauf vertrauen, nur aus eigener Kraft die Probleme lösen zu können, denn die Weltkirche lebt aus den Teilkirchen und umgekehrt. Die Gemeinschaft mit dem ganzen Leib der Kirche ist „immer lebendig und wirksam zu erhalten".[140] Schließlich spricht der Papst von einer „pastoralen Bekehrung" und davon, dass der „Primat der Evangelisierung" wieder zurückgewonnen werden muss.[141] Evangelisierung als die eigentliche und wesentliche Aufgabe der Kirche muss das Leitkriterium schlechthin sein, denn nur so kann man „die Wirklichkeiten der Erde salben" und den innersten Kern der Städte erreichen.[142] Anschließend weist er auf die Wichtigkeit der Anbetung, der Verehrung der Gottesmutter Maria sowie des Gebets und des Fastens hin.[143] Auf die Notwendigkeit der Evangelisierung werden wir in den letzten beiden Kapiteln eingehen.

Ehe und Familie sind die Fundamente der Gesellschaft und schutzwürdig wie kaum ein anderes Gut. Im Folgenden geht es darum aufzuzeigen, wie die Kirche ihrem prophetischen Amt auf diesem Gebiet entsprechen kann. Die Ergänzung der Geschlechter wird in der Genesis als das dem Menschen Gemäße verstanden. Entgegen dem Zeugnis der Bibel, dass Mann und Frau füreinander geschaffen sind und sich ergänzen, werden heute alternative Beziehungsformen propagiert, die im Widerspruch zur Offenbarung stehen. Elternschaft ist nicht mehr auf zwei Personen beschränkt, bis zu zwei weitere Personen sollen ein Mitspracherecht haben in allen denkbaren Konstellationen. Der Samenspender, der etwa bei einem lesbischen Paar für Nachwuchs sorgte, musste bisher auf alle Rechte und Pflichten verzichten. Er soll in Zukunft in einigen Alltagsfragen mitreden können. Dazu wird ein Institut eingerichtet, das „Verantwortungsgemeinschaft" genannt wird. Johannes Röser, der ehemalige Chefredakteur und jetzige Herausgeber von „Christ in der Gegenwart", hat zu der dazu geplanten neuen Gesetzgebung der rot-grün-gelben Regierung, wonach Ehe und Familie nur noch eine Verantwortungsgemeinschaft sein soll, deutlich Stellung bezogen. Er bezieht sich dabei zunächst auf die Rede von Papst Benedikt XVI., der bei seiner Rede im Deutschen Bundestag im Jahr 2011 darlegte, dass auch der Mensch eine Natur habe, die er achten müsse und die nicht beliebig manipuliert werden könne. „Ein Regierungs-Großprojekt bereitet die familienpolitische Transformation vor. Nichteheliche oder pseudoeheliche Beziehungen werden zu ‚Verantwortungsgemeinschaften' erklärt. Die sprachliche Neuerfindung dient dazu, die Ehe zu relativieren. Gleichzeitig wird die Familie zu einem spätneuzeitlichen künstlichen Produkt kleinbürgerlicher Biederlichkeit umdeklariert, was verschleiert, dass Ehe und Familie Institutionen des Menschengeschlechts seit Jahrtausenden sind. Ihr Sinn: Nachwuchs zeugen, aufziehen, erziehen, ins Erwachsensein bringen, den Fortbestand der Gemeinschaft sichern. Seltsamerweise wird der erste Sinn der Sexualität heutzutage schamhaft tabuisiert, sogar beim Synodalen Weg ... Alle Kulturen feiern die Paarung per Hochzeit als höchstes Fest ... Der Ur-Wunsch, Kinder zu kriegen, Unfruchtbarkeit zu überwinden, hat die medizinische Fertilitätsforschung beschleunigt. Darum ranken sich Glück und Unglück, Freude und Schmerz. Mit der Evolution hin zum Monotheismus entwickelte sich die Monogamie. Die Einehe hat sich religions- und kulturübergreifend als das modernen Zivilisationen Gemäße durchgesetzt, wobei archaische Polygamie-Stammestraditionen da und dort fortleben. Die ein Leben lang treue Einehe gegenseitiger Fürsorge garantiert – bei allen Problemen – am besten die psychische wie soziale Gesundheit des Paares wie seiner Kinder. Es ist absurd, wenn der Staat das relativiert, um im Nachhinein psycho-soziale Gesundheitsreparatur-Agenturen aufzubauen. Ehe und Familie – nur eine Verantwortungsgemeinschaft? Bedeutend mehr: eine Verbindlichkeitsgemeinschaft, unübertroffen, einzigartig. Die beabsichtigte Familien-Transformation bewirkt nicht Fortschritt, sondern Rückschritt. Die Kulturrevolution erweist sich als Kulturmanipulation! Die Kirchen sollten öffentlich vehement Widerstand leisten, statt – wie etliche Amtsträger etwa bei Klimaschutz und Migration – sich anbiedernd an die Regierung anzuschmiegen. Mit einem Wort der Befreiungstheologie: Kontestation. Also Anfechtung und Infragestellung bestehender Herrschafts- und Gesellschaftsstrukturen. Auf evangelisch: Status confessionis."[144] Mit Letzterem ist das Bekenntnis, der verbindliche Glaube, gemeint und da kann es keine Kompromisse geben. Vertreter unserer Kirche haben sich zwar gegen diesen Transformationsprozess ausgesprochen, aber so verhalten und medienunwirksam, dass es kaum Beachtung gefunden hat. Die Grundlagen unserer Gesellschaft werden vor unseren Augen zerstört und so gut wie niemand steht dagegen auf! Hier ist das prophetische Amt der Kirche in höchstem Maß gefordert, denn Ehe und Familie sind nach der Bibel nicht nur Kulturgüter, sondern eine geoffenbarte Glaubenswahrheit, die es mit allen Mitteln zu verteidigen gilt um der Menschen und der Kinder willen. Man braucht kein Psychologe zu sein, um zu wissen, dass für Kleinkinder stabile Beziehungen zur Entwicklung des Vertrauens in das Leben von fundamentaler Bedeutung sind, um psychisch gesund aufwachsen zu können. Wenn bis zu vier Personen in der Erziehung des Kindes mitreden können, ist dies für das Wohl des Kindes nicht förderlich.

9.

Warum das Essen vom Baum der Erkenntnis verboten ist

Von der anthropozentrischen zur theozentrischen Wende

„Ich beschäftige mich mehr mit der Gottesfrage, die letztlich viel wichtiger ist", hatte der baden-württembergische Ministerpräsident Kretschmann gesagt; dies ist erstaunlich, denn nach dem Konzil hat eine anthropologische Wende stattgefunden. Damit ist gemeint, dass es um Theoriefindung bezüglich des Menschlichen geht. Menschliche Grundexistenziale, die den Menschen ausmachen wie seine Hoffnungen und Freuden, Befürchtungen und Ängste, überhaupt alles, was für sein Leben essenziell ist, hat man für die theologische Interpretation als Basis hergenommen. Die Grundlagen hierfür legte der Theologe Karl Rahner (1904–1984). Nach ihm ist das tiefste Geheimnis des Menschen Gott. Wenn man deshalb vom Menschen spricht, dann letztlich auch von Gott. Theologie und Anthropologie sind gegenseitig aufeinander verwiesen. Es geht um ein tieferes Verstehen des Menschen und damit Gottes. Für Rahner war in seiner Transzendentalphilosophie der Überstieg auf das den Menschen überragende Gottesgeheimnis eine selbstverständliche Gegebenheit. Wenn dieser nicht mehr stattfindet, dann verschwindet der Gottesbezug mit allen Konsequenzen, die das nach sich zieht. Rahner vertrat eine grundsätzliche „Gelichtetheit" des Menschen, eine Offenheit auf Gott hin. Kritiker verweisen darauf, dass diese optimistische Sicht der erbsündlichen Gebrochenheit des Menschen letztlich nicht gerecht wird. Ein Vorteil dieser Theologie ist, dass dadurch eine Brücke zu anderen Konfessionen, ja zu Atheisten möglich ist, denn es geht ja um menschliche Grundbefindlichkeiten, die allen zu eigen sind. Im theologischen Denken von Papst Johannes Paul II. hat dies eine große Rolle gespielt. In seiner programmatischen Antrittsenzyklika „Redemptor hominis" verwies er darauf, dass der Mensch der Weg der Kirche ist. Am Beispiel der Liebe lässt sich das gut zeigen.

Wie sollen wir eine Ahnung von der Liebe Gottes zu uns haben, wenn wir sie nicht selber erfahren haben und es hierfür keine Verstehensbasis in menschlichen Bezügen gibt in der Familie, mit dem Partner oder im sozialen Umgang miteinander? Im Hohelied der Liebe, einer Schrift des Alten Testamentes, tritt dies deutlich hervor: Das Spiel der Liebe, der Austausch von Bräutigam und Braut, das Suchen und Finden, das Beschenktwerden durch den anderen, das im Leib seinen Ausdruck findet. Das Wort „Gott" findet man dort nicht; dies gilt auch für andere wichtige Vollzüge wie das Gebet oder die Tempelliturgie. Es stellt sich die Frage, warum das Hohelied überhaupt als inspiriertes Buch in den Kanon der Heiligen Schrift aufgenommen wurde. Aus dem einfachen Grund, weil in der Liebe von Mann und Frau die Liebe Gottes zu seinem Volk und zu jedem Einzelnen sichtbar wird mit allen Variationen und Abstufungen, die damit verbunden sind, von der erotischen bis hin zur göttlichen Liebe! Schon vor dem Christusereignis haben jüdische Theologen das Hohelied so gedeutet und geachtet. Rabbi Akiba (50–135 n. Chr.), einer der bedeutendsten Vertreter des rabbinischen Judentums, meinte sogar, dass alle Tage vor der Abfassung des Hoheliedes zusammengenommen nicht so viel wert seien

wie der, an dem dieses geschrieben wurde. Es erfreute sich
also höchster Wertschätzung im Judentum, wie auch später
im Christentum. Das Wesen der Liebe wird im Hohelied als
Bindung an den anderen beschrieben, die aber nicht als Fes-
sel, sondern als Entfaltung des eigenen Glücks erfahren wird.
Ein Paradox! Denn je mehr ich mich an den anderen binde,
desto freier werde ich. Deshalb war auch Christus, der gehorsam war bis zum Tod, zugleich der freieste Mensch, der je auf
dieser Erde gelebt hat. Er hat sich ganz an Gott gebunden und
war dadurch ganz frei. Auf der Grundlage des Verstehens
menschlicher Vollzüge wie der Liebe vollzieht sich theologisches Reflektieren.

Die Gefahr bei dieser Art, Theologie zu betreiben, bestand
freilich darin, Gott aus dem Blick zu verlieren. Wenn das geschieht, ist alles verdorben. Leider ist dies vorgekommen in
einem Konzept des „autonomen Menschen", bei dem die
göttliche Offenbarung immer mehr in den Hintergrund und
der „freie Mensch" in den Mittelpunkt gerückt ist. Das indivi-
duelle Begehren des Einzelnen wird entscheidend. Es geht
vereinfacht formuliert um ein Konzept autonomer Selbstver-
wirklichung und Selbstoptimierung. Gottes Gebot oder sein
Wille wird nachrangig. An sich Gutes oder Böses gibt es nicht
mehr, sondern nur noch relative Wertungen. Das ist die alte
Versuchung des Menschen im Paradies, denn dort versuchte
dieser, von Gott autonom zu sein.

In der Genesis lesen wir, dass im Paradies zwei Bäume
standen: der Baum des Lebens und der Baum der Erkenntnis von Gut und Böse (Gen 2,9). Diese Bäume und ihre mögliche Deutung haben mich immer fasziniert, denn der Anfang ist von entscheidender Bedeutung für das Kommende.
Mit dem Baum des Lebens verbinde ich die Vorstellung von
vollem, ewigem Leben. Dann stünde der Baum der Erkenntnis wohl für allumfassende Erkenntnis, für Allwissenheit.

Beide Bäume würden somit Eigenschaften ausdrücken, die nur Gott zukommen. Bestand die Sünde des Menschen darin, dass er eigenmächtig nach den Früchten vom Baum der Erkenntnis gegriffen hat und in diesem Sinn Gott gleich sein wollte? Eine solche Interpretation würde naheliegen. Andere deuten „Erkenntnis" als die sexuelle Vereinigung von Mann und Frau, denn diese wird in der Bibel öfter mit dem Begriff „erkennen" bezeichnet (z. B. bei der Verkündigung an Maria in Lk 1,34: „Wie soll das geschehen, da ich keinen Mann erkenne?"). Warum sollte dieses Erkennen aber verboten sein, zumal Gott den Menschen als Mann und Frau erschaffen hat? Und vor allem, warum hat der Genuss vom Baum der Erkenntnis so unvorstellbar negative, bis heute anhaltende Wirkungen? Nur die Berücksichtigung des biblischen Kontextes und des weiteren Verlaufs der Erzählung vermag die richtige Deutung zu geben. Das Essen vom Baum der Erkenntnis führt zu einer Distanzierung des Menschen von Gott. In einem der neuesten biblischen Kommentare zum Buch Genesis von Georg Fischer heißt es, dass man es mit dem „Respekt vor Gott und der von ihm gesetzten Grenze zu tun"[145] hat. Im eigenständigen Agieren des Menschen und dem unabhängigen Beurteilen, was für ihn gut oder böse ist, wollte er an die Stelle Gottes treten. „Der ‚Baum der Erkenntnis von gut und böse' steht symbolisch für den Versuch des Menschen, *moralisch autonom* zu sein"[146], heißt es dort. In der eigenmächtigen Beurteilung, was für ihn gut ist, überschreitet der Mensch sein ursprünglich von Gott gegebenes Vermögen, weil er nicht in der Lage ist, „eine völlig angemessene, in Allem zutreffende Einschätzung" zu treffen. Er ist damit in den göttlichen Bereich eingedrungen. „Wer dagegen verstößt und unabhängig von Gott seinen Weg gehen will, *verliert das ‚Leben' in einem tieferen Sinn*."[147] Die selbstmächtig geraubte Erkenntnis von Gut und Böse wird dem Menschen zum Verhängnis, denn sie kommt allein Gott zu. Durch seinen Drang zum von Gott autonomen Handeln fällt der Mensch aus der von Gott gesetzten Ordnung heraus. Es geht um eine grundlegende Verfehlung, aus der sich wurzelhaft alles Böse ableitet. Die Konsequenzen liegen auf der Hand: Wenn der Mensch Gott nicht mehr Gott sein lassen will, greift er in dessen Rechte ein und legt selbstmächtig fest, was für ihn gut ist, unabhängig von der Weisung Gottes.

Besonders beim Lebensschutz wird das deutlich. Am Aschermittwoch, dem 26. Februar 2020, hat das Bundesverfassungsgericht eine weitreichende Entscheidung getroffen: „Das Recht auf selbstbestimmtes Sterben ist nicht auf fremddefinierte Situationen wie schwere oder unheilbare Krankheitszustände oder bestimmte Lebens- und Krankheitsphasen beschränkt. Es besteht in jeder Phase menschlicher Existenz", heißt es in der Urteilsbegründung.[148] Damit kann im Prinzip jeder, wenn er etwa meint, dass sein Leben aufgrund von Liebeskummer oder Depressionen unerträglich sei, Hilfe zum Suizid einfordern. Bei den wesentlichen Erwägungen des Senats[149] wird die Selbstbestimmung und die persönliche Autonomie so stark betont, dass in nur acht Zeilen sechsmal diese Worte vorkommen. Ausdrücklich abgelehnt werden Bewertungen anhand von allgemeinen Weltanschauungen, religiösen Geboten, gesellschaftlichen Leitbildern oder Überlegungen objektiver Vernünftigkeit für den Umgang mit Leben und Tod.[150]

Dies ist ein historischer und dramatischer Bruch, der unsere bisherige Verfassungsrealität in der Frage von Lebensrecht und Würde des Menschen in der verletzlichsten Phase des Lebens torpediert. Der frühere Vorsitzende des Deutschen Ethikrates, Prof. Peter Dabrock, meint dazu: „Der Suizid wird geradezu als Besiegelung … der Menschenwürde ausgelegt. Das verkehrt alles, was das Gericht bislang über Menschenwürde gesagt hat." In der Pastoralkonstitution „Kirche und Welt" des II. Vatikanischen Konzils wird unter der Nr. 27 die Achtung vor der Würde der menschlichen Person eingefordert: Als im Gegensatz zum Leben selbst stehend wird jede Art von „Abtreibung, Euthanasie und auch der freiwillige Selbstmord" bezeichnet; „all diese und ähnliche Taten sind an sich schon eine Schande; sie sind eine Zersetzung der menschlichen Kultur, entwürdigen weit mehr jene, die das Unrecht tun, als jene, die es erleiden. Zugleich sind sie in höchstem Maße ein Widerspruch gegen die Ehre des Schöpfers."

Vor diesem Hintergrund ist es interessant, dass Kardinal Kasper beim Nationalen Eucharistischen Kongress in Köln am 7. Juni 2013 eine Katechese mit dem Titel „,Herr, zu wem sollen wir gehen?' Zu dem, der sich für uns hingibt" gehalten hat, welche auf diese Situation eingeht. Kasper hat als profunder Kenner der theologischen Landschaft genau erfasst, worum es geht, und fordert eine theozentrische Wende. Gott muss wieder im Mittelpunkt stehen! Es geht ihm um das Wesentliche und das sind für ihn nicht Themen aus der Liturgie (Zelebration zum Volk, Hand- oder Mundkommunion), auch nicht die Frage nach der Zulassung von Frauen zum Diakonat sowie Bischofsernennungen oder Zustimmung bzw. Ablehnung zu Äußerungen von Päpsten. „Die Frage ist nur, welchen Stellenwert solche Fragen haben. Lassen Sie es mich in aller Ehrlichkeit sagen und gestatten Sie mir diese Offenheit! Die Fragen, an denen man sich derzeit in der öffentlichen Diskussion festbeißt, sind Nebenfragen, Nebenkriegsschauplätze. Von außen gesehen und nach der öffentlichen Wirkung beurteilt ist die gegenwärtige kirchliche Landschaft ein ideologischer Drahtverhau mit vielen Grabenkämpfen, ein Stellungskrieg, in dem sich nur wenig bewegt. Ein Themenwechsel tut uns not ... Denn wenn die gängigen, seit 40 Jahren bekannten Postulate so entscheidend wären für die Zukunft der Kirche, wie sie dargestellt werden, dann müsste es den evangelischen Freunden prächtig gehen. Sie haben keinen Papst und keine Kurie, brauchen auf Weltkirche keine Rücksicht nehmen, haben keinen Zölibat, ordinieren Frauen zu Pastorinnen und Bischöfinnen, segnen zweite und dritte Ehen, gleichgeschlechtliche eingeschlossen. Aber geht es ihnen besser, wenn es um die Vermittlung des Evangeliums geht? Leider nicht! Ich sage dies nicht schadenfroh. Ich sage: Leider geht es ihnen kein Haar besser, im Gegenteil. Die Zukunft des Christentums und der Kirche in unserer Gesellschaft kann also letztlich nicht an diesen Fragen hängen. Es geht um die Gottes- und um die Christusfrage. Es geht um die Frage nach dem Brot des Lebens im umfassenden Sinn des Wortes."[151] Wie Kretschmann ist es ihm wichtig, die Gottesfrage neu zu stellen: „Wenn nichts mehr heilig ist, das, was einmal als heilig galt, als Tabu abgetan und jeder Tabubruch als Fortschritt gepriesen wird, dann wird das Leben indiskret, taktlos, distanzlos, ehrfurchtslos und letztlich unerträglich. Wir stehen vor der Aufgabe und haben allen Grund, die Dimension des Heiligen zurückzugewinnen, neu Ehrfurcht vor Gott zu lernen, das erste Gebot neu buchstabieren und damit auch die Ehrfurcht vor den anderen und vor der Natur zu lernen. Ohne die Dimension des Heiligen zurückzugewinnen hängen alle anderen, vielleicht noch so guten Reformen und Reformbemühungen in der Luft. Vielleicht reden wir zu viel von der Kirche. Dazu kommt, viele unserer kirchlichen Reformfragen sind Insiderfragen, welche die neuen Heiden, besser: die äußerlich draußen, aber vielleicht innerlich viel näher bei uns sind als wir meinen, gar nicht interessieren. Die Kirche kann nie so glänzend sein, dass sie einfach überzeugt. Wir müssen die Frage nach dem Heiligen, die Gottesfrage in die Mitte rücken. Wir brauchen eine theozentrische Wende in der Theologie und der Pastoral."[152] Die Äußerungen von Kasper treffen ins Schwarze, lange schon vor dem Synodalen Weg. Die anthropologische Wende nach dem Konzil hatte ihre Berechtigung. Sie ist nicht einfach nur falsch, wie heute manchmal zu hören ist, muss aber in ihrer Begrenztheit gesehen und vor allem von ihrem Gottesbezug her richtig verstanden werden. Offensichtlich braucht es neue Akzente, und zwar so sehr, dass man sogar von einer theozentrischen Wende sprechen muss. Unsere gegenwärtigen Fragestellungen müssen viel mehr von Gott her beleuchtet und beantwortet werden. Wir müssen uns wieder neu darauf besinnen, was uns durch das Christusereignis geschenkt worden ist, also auf das Gottesbild. Wenn Jesus nicht den allgemeinen Wohlstand für alle, den Weltfrieden und eine gerechtere Welt gebracht hat, was hat er uns dann wirklich vermittelt? Im ersten Band seiner Trilogie „Jesus von Nazareth" antwortet Papst Benedikt so: „Die Antwort lautet ganz einfach: Gott ... Er hat Gott gebracht. Er hat den Gott, dessen Antlitz zuvor sich von Abraham über Mose und die Propheten bis zur Weisheitsliteratur langsam enthüllt hatte – den Gott, der nur in Israel sein Gesicht gezeigt hatte und der unter vielfältigen Verschattungen freilich in der Völkerwelt geehrt worden war –, diesen Gott, den Gott Abrahams, Isaaks und Jakobs, den wahren Gott, hat er zu den Völkern der Erde gebracht. Er hat Gott gebracht: Nun kennen wir sein Antlitz, nun können wir ihn anrufen. Nun kennen wir den Weg, den wir als Menschen in dieser Welt zu nehmen haben. Jesus hat Gott gebracht und damit die Wahrheit über unser Wohin und Woher, den Glauben, die Hoffnung und die Liebe. Nur unserer Herzenshärte wegen meinen wir, das sei wenig."[153] Es ist auch für uns heute wichtig, das näher zu beleuchten, weil wir in Gefahr sind, etwas zu vergessen, was uns schon einmal geschenkt worden ist.

Vor dem Hintergrund der Religionen der Antike war das ein großer Fortschritt. Denn die Götter der Römer und der Griechen hatten eine versteckte Dämonie und Bosheit, wie wir schon im fünften Kapitel gesehen haben. Sie waren unberechenbar und konnten einige Zeit lang Menschen grundlos begünstigen, sie gleichsam in den Olymp heben, aber genauso grundlos wieder in den Abgrund zurückstoßen; man hat ihnen nie wirklich vertrauen können. Dazu kam als eine Weltanschauung auch der Schicksalsglaube als eine Es-Macht ohne Antlitz, das *fatum*. Ohne sich zu rechtfertigen und seine Wege offenzulegen, verfügte es über die Menschen. Die Lehre der Stoa, einer philosophischen Richtung der damaligen Zeit, war, dass man sich ihm klugerweise fügen sollte. Ein anschauliches Beispiel für die Situation des Menschen war ein Vergleich mit einem Hund, der an einen Wagen gekettet ist. Es ist klug mitzulaufen, denn sonst wird man mitgeschleift – eine andere Wahl gibt es nicht! Das Schicksal fragt nicht, sondern zwingt den Menschen in seine Bahnen, ob er will oder nicht. Auch hier gab es wieder einen starken Zug des Willkürlichen, denn wie bei den Göttern wurden die einen vom Schicksal begünstigt, die anderen nicht. Jesus hat Gott gebracht! Er ist ein liebender Vater, der für uns eine ewige Heimat bereitet hat, und wir sind seine Kinder. Er ist beides zugleich: der ferne Gott, dessen Wege sich uns nicht immer erschließen und die auch rätselhaft sein können, aber auch der nahe Gott. Er gibt uns Weisung und begleitet uns auf dem Lebensweg in seiner Vorsehung durch alle Höhen und Tiefen. Er hat „Gedanken des Heils und nicht des Unheils", er gibt „eine Zukunft und eine Hoffnung" (Jer 29,11). An seiner Hand können wir durch das Leben gehen in der Freiheit und Freude der Kinder Gottes. Es ist für uns heute kaum mehr vorstellbar, wie revolutionär und befreiend dieses Gottesbild damals gewirkt hat. De Lubac schreibt: „Der Mensch, jeder Mensch, wer er auch sei, war dem Schöpfer, dem Herrn der Gestirne selbst unmittelbar verbunden! Die ungezählten Mächte – Götter, Genien oder Dämonen –, die das menschliche Leben im Netz ihrer tyrannischen Willkür gefangen hielten und einschnürten und mit allen ihren Schrecknissen auf der Seele lasteten, siehe, sie zerfielen zu Staub, und das Heilige, das sich in sie verirrt hatte, fand sich zusammengefasst, geläutert und erhöht wieder in einem Gott und Befreier! Nicht mehr bloß eine kleine Schar von Auserwählten durfte hoffen, dem Kreislauf des Schicksals durch die Pforte irgendeiner Geheimlehre zu entrinnen: Die ganze Menschheit sah ihre Nacht plötzlich zum Tag gelichtet und erwachte zum Bewusstsein ihrer königlichen Freiheit."[154]

Aus der theozentrischen Wende ergeben sich viele Konkretisierungen, von denen ich hier nur einige anreißen kann. Kardinal Kasper hat die Umweltthematik angesprochen. Im zweiten Schöpfungsbericht wird dargelegt, wie die Herrschaft des Menschen über die Natur sein soll. Er soll den Garten Eden bearbeiten und hüten (Gen 2,15). Das sind im Hebräischen die gleichen Worte, die für den Kult im Tempel verwendet worden sind, wenn die Aufgaben des Priesters im Heiligtum beschrieben wurden: Sie sollen im Tempel ihren Arbeiten nachgehen und Wächter der Ordnung sein. In diesem Sinn sind wir alle Priester einer uns anvertrauten Schöpfung.

In der Genesis wird die Erschaffung des Menschen, näherhin dessen Sexualität – verstanden als Ergänzungsbedürftigkeit von Mann und Frau – als sehr gut qualifiziert (Gen 1,31). Sie zu ignorieren heißt, den Weg der Zerstörung zu gehen. Früher machte man sich darüber lustig, wenn man meinte, Gott für die Begründung von Moral zu brauchen. Fakt ist aber, so Jonathon van Maren in einem Blog-Beitrag bei LifeSiteNews, dass wir, kaum dass zwei Generationen seit der großen Säkularisierung ins Land gezogen sind, nicht einmal mehr in der Lage sind, Mann und Frau voneinander zu unterscheiden. In einer säkularisierten Gesellschaft leben alle unter einem leeren Himmel, unter dem es keine tragfähige moralische Grundlage mehr gibt. Man glaubt eher daran, wiederverwertet zu werden, als wiederaufzuerstehen.

Menschliches Leben ist heilig und unantastbar vom Anfang bis zum Ende. Gott setzt den Beginn und er nimmt das Leben auch wieder. Wenn beschlossen wird, dass Abtreibung, die Tötung eines wehrlosen Menschen im Schoß seiner Mutter, zum Grundrecht erhoben wird, dann werden alle Dämme brechen. Wenn wir uns in dieser Weise gegen die Gebote Gottes auflehnen, wird das, was wir derzeit an Chaos und Durcheinander erleben, noch um ein Vielfaches gesteigert werden. In England hat eine Frau während der Schwangerschaft jeden Tag einen halben Liter Wodka getrunken und zusätzlich noch einige andere Spirituosen konsumiert. Es kam, wie es kommen musste: Das Kind kam schwerstbehindert auf die Welt. Die Frau wurde angezeigt, ein Gericht hat sie jedoch freigesprochen, denn das Kind im Mutterschoß sei ja noch kein Mensch. So bedauerlich dieser Vorfall ist, so konsequent ist diese Entscheidung auf der anderen Seite. Wenn Abtreibung erlaubt ist, weil es sich beim Embryo im Mutterschoß noch nicht um einen Menschen mit eigenen Rechten handelt, warum soll die Frau nicht während ihrer Schwangerschaft literweise Wodka trinken dürfen?

Oder greifen wir die drängende Friedensthematik auf. Frieden auf Erden gibt es, wenn Gott die Ehre erwiesen wird (Lk 2,14). Wir dürfen die Bedingung, die Voraussetzung nicht vergessen, Gott die Ehre zu geben. Das ist aufeinander bezogen und das eine hängt vom anderen ab. Wenn Gott in der Höhe geehrt wird, dann ist Friede auf Erden unter den Menschen. Wenn sie ihm verweigert wird, gibt es keinen Frieden.

In Israel hat man immer gewusst, dass das soziale Miteinander und die Frage von Krieg und Frieden mit der Gottesbeziehung zusammenhängen. Jerusalem ist zu einer Blutstadt geworden. Als Grund wird hierfür angegeben: „Mich aber hast du vergessen – Spruch Gottes, des Herrn" (Ez 22,12). Als Jerusalem belagert wurde, hat man alle möglichen Verteidigungsvorbereitungen getroffen (Inspektion der Waffen, Verstärkung und Ausbau der Mauer, Flutung des Zwischenraumes zwischen den Mauern), aber nicht auf den geblickt, der alles bewirkt (Jes 22,11). Man hatte das Entscheidende vergessen: sich auf Gott auszurichten und zu fragen, wie es so weit kommen konnte. Die Folgen waren verheerend.

Wenn gesellschaftliche Strömungen den Platz einnehmen, den früher einmal die Offenbarung Gottes innehatte, dann ergibt sich daraus auch, dass man meint, die Kirche umbauen zu können, wie man es gerade als notwendig empfindet. Man geht nicht mehr von den Gegebenheiten der Schrift und der Offenbarung aus, sondern vom Zeitgeist. Das Abgleiten in eine tendenzielle Gottlosigkeit ist damit vorprogrammiert.

„Anfang der Weisheit ist die Furcht des Herrn, die Kenntnis des Heiligen ist Einsicht" (Spr 9,10). Mit Gottesfurcht ist nicht gemeint, dass wir vor ihm zittern oder Angst haben müssten. Die Ehrfurcht ist entscheidend – zu wissen, wer wir sind im Hinblick auf Gott. Dann ergibt sich alles andere nahezu von selbst.

10.

Wenn an heiligen Orten und Feiern gelogen wird

Von der Notwendigkeit einer pastoralen Neuausrichtung

In diesem Kapitel geht es darum, wie eine Umsetzung des Ausgeführten in der Pastoral und der Seelsorge aussehen könnte; dies kann freilich nur umrisshaft skizziert werden. Wie ist die derzeitige Situation bei der Spendung der Sakramente in unserer Kirche? Erst aus der Analyse des Vorhandenen lässt sich aufzeigen, was die nächsten Schritte sein könnten. Fast immer, wenn ich ein seelsorgerliches Gespräch führe, besonders mit Frauen und Männern in meinem Alter, geht es darum, dass die Kinder und die Enkel in ihrer Wahrnehmung glaubens- und gottlos sind. Da ist zu hören: Der Sohn ist aus der Kirche ausgetreten. Die Tochter ist nicht kirchlich verheiratet, obwohl es dafür kein Hindernis gibt. Die Enkelkinder sind oft nicht getauft. Rein materialistische Werte stehen bei der Lebensführung im Vordergrund. Sonntag ist Ausschlaftag, und wenn die Enkelkinder bei Oma und Opa sind, stellen diese fest, dass wenig bis gar nichts an Glaubenssubstanz an sie weitergegeben worden ist. Sie kennen kein Tischgebet, Morgen- und Abendgebete auch nur selten. Der Gottesdienst in der Kirche ist ihnen fremd. Das macht den Großeltern sehr zu schaffen; sie leiden sehr darunter. Fast immer taucht die Frage auf: Haben wir denn alles falsch gemacht bei der religiösen Erziehung unserer Kinder und der Weitergabe des Glaubens? Wir haben doch mit unseren Kindern gebetet und sind mit ihnen am Sonntag in die Kirche gegangen. Wo ist das alles geblieben? Die Situation wird als belastend empfunden und ist oft auch mit Selbstvorwürfen verbunden: War das Christentum, das wir ihnen vermittelt haben, so abstoßend, dass sie scheinbar gar nichts davon übernommen haben, sich sogar dagegen auflehnen? Wir haben doch nur das weitergegeben, was wir von unseren Eltern gelernt und gesehen haben. Das hat damals ja auch funktioniert, warum jetzt nicht mehr? Diese Fragen verlangen nach einer Antwort.

Es gibt hier nichts zu beschönigen, sondern schlichtweg die Faktenlage zur Kenntnis zu nehmen. Wie drastisch der Verlust an Glaubenswissen ist, belegen viele Umfragen, von denen eine schockierender ist als die andere. In Bayern als einem bisher noch weitgehend katholisch sozialisierten Bundesland wurden in einer Stadt Jugendliche in der Fußgängerzone nach ihrem Glauben befragt. Das Gespräch lief so ab.

„Kennst du Jesus?" – „Ja!"

„Kennst du Christus?" – „Ja!"

„In welcher Beziehung standen die beiden zueinander?" – „Sie waren Kumpel. Die waren in der gleichen Gang und kannten sich."

„Wie viele waren in der Gang von Jesus noch mit dabei und wie heißen die denn?" – „Goliat, Mohammed, Adam und Judas."

„Wie heißen die Eltern von Jesus?" – „Maria Magdalena und Matthäus."

„Was feiern wir an Weihnachten?" – „Wiedergeburt, Reinkarnation."

„Was feiern wir an Pfingsten?" – „Kreuzigung."

„Könnt ihr sagen, wie das Kind von Maria und Josef hieß?" – „Adam."

„Kannst du mir sagen, wie weit es ungefähr von Pontius zu Pilatus ist?" – „400 Kilometer etwa."

„Wo liegt Pontius?" – „Wahrscheinlich in Afrika. Madagaskar?"

Wenn man die Antworten zum ersten Mal hört, muss man darüber lachen. Dann aber stimmt es nachdenklich. Was ist hier passiert? Die meisten der interviewten Jugendlichen haben mehrere Jahre Religionsunterricht genossen und stammen aus einem christlichen Elternhaus. Es wäre sinnvoll, einen PISA-Test zu machen, wie dieser in anderen Schulfächern üblich ist, im Hinblick auf Religion und Glaubenswissen, um dann angesichts der zu erwartenden katastrophalen Ergebnisse der Frage nachzugehen, wie es dazu kommen konnte. Was ist hier passiert?

Wir kommen weiter, wenn wir die Weitergabe des Glaubens in früheren Zeiten betrachten. Mallon hat sich in seinem Buch „Divine Renovation – Wenn Gott sein Haus saniert – Von einer bewahrenden zu einer missionarischen Kirchengemeinde" darüber Gedanken gemacht. Die damals vorherrschende christliche Kultur hat den Glauben und den Kirchenbesuch begünstigt. Dazu kam noch ein weiterer Faktor. „Die Demografie war die Stütze unserer pastoralen Entwicklung durch hohe Geburtenraten und Zuzugsbewegungen. Wir mussten lediglich Kirchen bauen und die Leute sind gekommen. Ich glaube nicht, dass wir vor 50 Jahren besonders gut darin waren, Jünger zu machen, aber das hat uns offensichtlich nicht geschadet. Solange wir unsere Kirchen einfach nur öffneten, gab es immer neu Zugezogene [sic] und neue Babys. Solange wir tauften und in unseren Schulen lehrten, produzierten wir ‚gut praktizierende Katholiken'. In gewisser Weise mussten wir uns nicht sonderlich bemühen, Jünger zu machen, denn die Kultur erledigte das von selbst."[155] Die Beschreibung der Situation durch Mallon ist zutreffend. Bei uns in Deutschland wurde sie noch dadurch begünstigt, dass die Menschen nach dem Krieg in einem zerstörten Land lebten. Mit eigenen Augen konnten sie tagtäglich sehen, wohin eine bewusst gottlose, menschenverachtende Regierung geführt hatte. Auf die Frage, warum das heute nicht mehr funktioniert, gibt er die Antwort: „In und nach den Sechzigerjahren mit ihrer sexuellen Revolution, den Massenmedien, den neuen Medien, dem Post-Modernismus, Materialismus, Relativismus, Individualismus, Hedonismus und anderen ‚Ismen' traten plötzlich und für alle klar ersichtlich die Mängel zutage … Der Mainstream ist heute gegen uns."[156] Warum dies so ist, soll nun erörtert werden. In den letzten 50 Jahren hat unsere Gesellschaft den schnellsten gesellschaftlichen Wandel der Menschheitsgeschichte durchgemacht, mehrere Paradigmenwechsel fanden statt.

Die sexuelle Revolution hat viel Verstaubtes und Überholtes zur Seite geschoben und entfernt. Über Fragen der Sexualität konnte in einer ganz anderen Weise als früher gesprochen werden. Aber mittlerweile ist es offensichtlich, dass der pornografische Totalschaden eingetreten ist, wenn von den 16- bis 19-jährigen männlichen Jugendlichen bis zu 70 Prozent angeben, jede Woche einmal oder sogar täglich pornografische Filme anzuschauen. Es ist nicht schwer, sich vorzustellen, welche Auswirkungen das auf die Gesellschaft hat, auf das Menschenbild, und wie man Frauen betrachtet, nämlich nur unter dem Aspekt ihrer Sexualität; ganz abgesehen von dem Suchtpotenzial, der inneren Unfreiheit und den zerbrochenen Seelen.

In einer postmodernen Zeit gibt es eine Vielfalt gleichberechtigt nebeneinanderstehender Lebensentwürfe. Jeder

144

kann sich aussuchen, was ihm zusagt. Eine freiheitliche Lebensgestaltung, in der jeder seine Möglichkeiten und Ansichten entfalten kann, wird zu Recht als ein sehr hoher Wert angesehen. Eine Verbindlichkeit gibt es aber nicht mehr, zumal nicht mehr für die Gesellschaft im Ganzen. Das ist aber auch zugleich eine Gefährdung, denn woher soll eine Orientierung kommen, die für alle gültig ist? Bei der Messe vor der Papstwahl sprach Kardinal Ratzinger 2005 von der Diktatur des Relativismus, der nichts als endgültig anerkennt und nur das eigene Ich und seine Gelüste als letzten Maßstab gelten lässt. Es wird erwartet, dass der Glaubende das akzeptiert, sonst wird er gesellschaftlich geächtet, wenn er anders denkt und feste Meinungen und Prinzipien vertritt. Oberster Maßstab ist das eigene Ego, Individualismus genannt, der oft nichts anderes als Egoismus ist und sich in folgenden Sponti-Sprüchen äußert: „Jedem das Seine, mir das meiste", „Brot für die Welt, Fleisch für mich", „Unter dem Strich zähle ich". Ein Individualismus dieser Art geht oft einher mit einer materialistischen Lebensanschauung: Geld, Wohlstand und Reichtum sind bei vielen höchste und letzte Werte.

Die neuen Medien sind in ihrem Einfluss nicht zu unterschätzen. Sie nehmen immer mehr Raum im Leben der Menschen ein. Wie nie zuvor in der Geschichte können sie Bildung und umfassende Informationen vermitteln. Wer will, kann sich in nahezu jeder Bibliothek dieser Welt einloggen und umschauen. Dank der Digitalisierung des Hörfunks kann *radio horeb* heute deutschlandweit und leicht empfangen werden.

Ohne die Digitalisierung hätte Corona noch viel schlimmere Auswirkungen gehabt. Soziale Netzwerke wie *Facebook* knüpfen Kontakte oft über Kontinente hinweg, bewirken Austausch und Beziehungen gerade dort, wo sie für einsame Menschen wichtig sind. Alle Untersuchungen weisen darauf hin, dass die Menschen in Deutschland durchschnittlich ca. vier Stunden Radio (oft als Nebenbei-Medium), gleich viel Zeit für das Fernsehen und mehrere Stunden privat mit steigender Tendenz im Netz unterwegs sind. Auf die problematischen Inhalte, die dort vermittelt werden, macht ein Gespräch des früheren Bundeskanzlers Helmut Schmidt mit Reinhard Appel, damals Chefredakteur des ZDF, aus dem Jahr 2000 aufmerksam, das in der Zeitschrift HÖRZU vom 16. April 2020 abgedruckt wurde. Schmidt machte das Fernsehen verantwortlich als einen der „schlimmsten Faktoren für den Verfall von hergebrachten, abendländischen, sittlichen Traditionen. Da gibt es gar keinen Zweifel." Als Appel dafür eine Begründung forderte, antwortete Schmidt: „Ich habe gestern Abend wieder eine Stunde lang von einem Kanal auf den anderen geschaltet. Ich weiß nicht, wie viel Morde und wievielmal Totschlag und wie viel Gewalttaten ich mitgekriegt habe. 25 Kanäle kann man ja heutzutage empfangen, am Ende des Jahrzehnts werden es 200 Kanäle sein, dank der Satellitentechnik, und was verbreiten sie? Mord, Totschlag, Gewalttat, Leichen, Brände, Katastrophen. Schauen Sie sich mal die Abendnachrichten an. Selbst in ZDF und ARD strotzen die Abendnachrichten von Gewalttaten und von Unglück. Ein 15-Jähriger wächst heute auf mit der selbstverständlichen Vorstellung, dass Gewalttat ein normaler Bestandteil einer normalen Gesellschaft sei. Zusätzlich zum Fernsehen kann er sich noch die Videos ausleihen, mit denen das noch mal vertieft wird, und dann kommt noch Sex dazu." Appel verwies darauf, dass im Fernsehen doch nicht nur Gewalt, „sondern vielfältige Informationen und ein breites Angebot an Kultur" vermittelt werde. Die vernichtende Antwort von Schmidt darauf: „Im Wesentlichen verderbt ihr die Jugend mit Gewalt." Man muss sich diesem vernichtenden Urteil von Helmut Schmidt nicht anschließen, nachdenklich machen sollte es aber schon, zumal wir in einer Zeit leben, in der menschen- und frauenverachtende Formate wie das „Dschungelcamp", der „Bachelor" oder „Big Brother" gesellschaftsfähig geworden sind. Die Machart der Medien ist das Entscheidende, der Reiz des ständig Neuen. Der kanadische Medientheoretiker Marshall McLuhan sprach als Erster vom „globalen Dorf". Für ihn ist das Medium die Botschaft. Es gehe in erster Linie gar nicht um den Inhalt, sondern darum, wie die menschliche Wahrnehmung und das Denken durch die Medien beeinflusst werden: „Wir formen die Werkzeuge und dann formen die Werkzeuge uns." Im Fernsehen ist kaum eine Einstellung länger als sieben Sekunden auf ein Bild gerichtet, bei den meisten Radioformaten dauert kaum ein Beitrag länger als eine Minute und dreißig Sekunden. Wenn Menschen in dieser Weise geprägt werden, ist kaum noch eine Offenheit für die Liturgie der Kirche zu erwarten, die ein ruhiges, meditierendes Sicheinlassen auf ein Geheimnis verlangt mit den immer gleichen Worten und Riten. Wir haben heute unendliche Möglichkeiten, uns abzulenken. Viele halten die Stille nicht mehr aus; diese ist aber eine Voraussetzung für eine Begegnung mit Gott und dem Nächsten. In der riesigen Flut der Angebote in den sozialen Medien existiert ein großes Potenzial, sich zu verlieren, wobei das Ende der Fahnenstange noch nicht erreicht ist. Durch VR-Headsets besteht heute schon die Möglichkeit, in virtuelle Welten abzutauchen und sich dort mehr zu Hause zu fühlen als in der Wirklichkeit. Ein Stück aus dem Science-Fiction-Film „Matrix" ist schon Realität geworden!

Dr. Michael White, Pfarrer in der katholischen Pfarrei „Church of the Nativity" in Baltimore/Maryland, hat in seinem Buch „Rebuilt" die derzeitige Situation beschrieben.[157] Durch die gesellschaftlichen und technischen Veränderungen entstanden „Konsumchristen" der zweiten und dritten Generation, deren Konsumhaltung nur schwer zu durchbrechen ist, denn sie sind wählerisch und suchen sich nur das aus, was ihnen zusagt. Die Feier der Erstkommunion wird aufwendig gestaltet, ohne dass dies Folgen für das weitere Glaubensleben hätte. Es wird nur noch eine lose Anbindung an die Kirche gewünscht, die ansonsten als Ärgernis empfunden wird. Der Kirchenraum ist nur noch zur Kulisse für besondere Ereignisse wie Taufe, Erstkommunion, Hochzeit und Beerdigung geworden, aber auch nur dann, wenn er schön ist.

Auslöser für eine grundlegende Änderung der Pastoral in seiner Pfarrei war die Erfahrung eines jährlichen Angebotes zur Fastenzeit. Vor der hl. Messe wurde Livemusik und sogar eine Weinbar angeboten. Das Essen war gratis, Hunderte Menschen nahmen daran teil, aber eine Frau beschwerte sich massiv und lautstark über die mangelnde Qualität des Essens. Andere gesellten sich dazu und wurden wie diese aggressiv. In diesem Augenblick war White klar, dass eine grundlegende Veränderung stattfinden musste. Diesen Weg, bei dem er und seine Mitarbeiter jedes Jahr fast einen Burn-out bekamen, konnte er nicht weitergehen, zumal er pastoral völlig unfruchtbar war – und das war für ihn und für alle Beteiligten nur noch frustrierend: „Es war nicht nur die Undankbarkeit. Es war das Fehlen des Sinns und der Mangel an Wirkung. Wir arbeiteten so hart wir konnten, aber nicht nachhaltig, und es veränderte nichts und niemanden. Es gab bei niemandem eine Veränderung. Jetzt verstand ich, warum auf der Fußmatte meines Vorgängers stand: ‚Gehen Sie'."[158]

Ein Erlebnis dieser Art gab bei Mallon ebenfalls den Ausschlag, eine grundlegende Änderung in der Pastoral vorzunehmen. In seinem zweiten Jahr als Pfarrer kam er an einen Punkt, an dem er nicht mehr die Kraft hatte, weiterzumachen. „Ich erinnere mich gut daran. Es war eine wundervolle liturgische Feier. Der Bischof war da und all die jungen Leute mit ihren Familien, Freunden und Paten. Während der Liturgie wurden die Bewerber dem Bischof vorgestellt, es gab einen Dialog zwischen dem Bischof und den Firmpaten, die dazu aufstehen sollten. ‚Sind diese Firmbewerber gläubig der christlichen Gottesdienstgemeinschaft beigetreten?' Alle antworteten: ‚Ja, das sind sie!' Ich wollte schreien: ‚Nein, das sind sie nicht, und wie wollt ihr das wissen, ihr wart ja gar nicht hier!' Da traf mich zutiefst die Erkenntnis, dass die Liturgie ein Anlass für die Leute war, hier öffentlich zu stehen und vor Gott und der Kirche zu lügen"[159] – und das am heiligsten Ort, in der Kirche, und bei einer ihrer feierlichsten Riten, der Firmung! Weit über 90 Prozent der Firmlinge kommen nach der Firmung nicht mehr und nehmen am Gottesdienst der Gemeinde nicht teil; es ist ihre „Abschiedsvorstellung". Jeder weiß das: der firmende Bischof, die Paten und die Eltern, die Firmkinder und der Pfarrer, aber es ändert sich nichts. Der Apparat läuft weiter wie bisher, unbeeindruckt von dieser Entwicklung. Ähnlich ist es bei der Taufe. „Was ist der Preis, wenn ein Pfarrer vor der Gemeinde die Eltern der Kinder, die getauft werden, fragt: ‚Versteht ihr klar, was ihr hier vorhabt?', und sie sagen: ‚Ja' – und kommen nie wieder? Wie lange können wir das aufrechterhalten, wenn dieses Bezeugen unerfüllter Versprechen es immer schwerer macht, unser eigenes Ja zu den Anforderungen Christi und des Evangeliums zu halten? Wir begnügen uns mit Äußerlichkeiten, mit Riten, die vollzogen werden, die aber keinen Bezug mehr zur Lebenswirklichkeit haben. War das nicht die heftigste Kritik der jüdischen Propheten am religiösen System ihrer Zeit? War das nicht der Kern des Konflikts zwischen Jesus und dem religiösen Establishment seiner Zeit, als er sie anklagte, sich nur um Äußerlichkeiten zu kümmern, während sie innerlich voller Verwesung seien? Uns hiermit einfach abzufinden, bedeutet, einen Teil des Herzens der Kirche sterben lassen. Es heißt, sich abzufinden mit Kompromissen und Sünde."[160] Er geht dann auch auf jüngste Skandale ein – das Buch wurde 2007 geschrieben –, was freilich in ein anderes Kapitel hineingehört, den sexuellen Missbrauch. Er sieht hier aber „Auswüchse derselben Krankheit: sich mit Äußerlichkeiten zu begnügen und alles zu vertuschen, was die innere Fehlfunktion anzeigt, sich abzufinden mit dem, gegen das wir Krieg führen sollten."[161]

Bei uns in Deutschland wurde auch schon lange zuvor erkannt, was White und Mallon so eindringlich beschrieben hatten und Veränderungsbedarf nicht angemeldet, sondern in einer erneuerten Pastoral auch durchgeführt haben. Pfarrer Thomas Kopp hat in den 80er-Jahren einen Artikel geschrieben mit dem Titel „Katechumenat und Sakrament – nicht aber Sakramentenspendung an Ungläubige".[162] In seiner Pfarrei in Bad Kreuznach in der Diözese Trier gab es einen hohen Bevölkerungsanteil an Nichtkatholiken. Das Ende der Volkskirche und einer christentümlichen Gesellschaft zeichnete sich schon damals klar ab. Die Sakramente der Taufe und Firmung wurden gespendet, obwohl die Kinder und Jugendlichen letztlich nicht dafür disponiert waren, trotz eines halben Jahres intensiver Vorbereitung. Besonders deutlich tritt das bei der Erstkommunion hervor, denn hier geschieht für ihn ein dreifacher Frevel: „Erstens ein Frevel am Kind, das ein heiliges Recht darauf hat, auf rechte und würdige Weise zur heiligen Eucharistie, dieser großen Kostbarkeit, hingeführt zu werden, und das betrogen worden ist; es war nie in der Kirche, außer bei der Fête des Weißen

Sonntags; es wird vermutlich auch nicht mehr gehen ...
Zweitens geschah hier ein Frevel an der heiligen Eucharistie, die man nicht (es sei ganz und gar bewusst dieses harte Wort benützt:) prostituieren darf. – Drittens liegt hier ein Frevel am heiligen Dienst des Priesters vor, der sich zum bloßen Religionsdiener erniedrigen lässt, statt der heiligen Sache wirklich Zeugnis und Dienst zu erweisen."[163] Es ist wie bei einem Theaterspiel, in dem eine Rolle einstudiert wird. Die Aufführung ist am Erstkommunionstag, an dem die Kinder das sagen, was sie gelernt haben und sich so verhalten, wie man es ihnen beigebracht hat, um das Gelernte anschließend wieder zu vergessen, weil es nicht praktiziert wird. Im religionspädagogischen Bereich gibt es kaum Dinge, die so gefährlich sind wie eine gewisse Bescheidwisserei: „Sie wissen überhaupt nicht Bescheid, meinen aber, sie wüssten Bescheid, weil sie auf eine solche Weise von unserer Pastoral traktiert worden sind und meinen, das sei es nun."[164] Nicht selten hört man folgende Sätze: „Ach, geh mir doch mit der Kirche, da kenne ich mich aus." Kopp zitiert den Pastoraltheologen Rolf Zerfaß, damals Professor für Pastoraltheologie in Würzburg; dieser schrieb schon in den 80er-Jahren: „Wir gewähren die kirchliche Eheschließung, drängen sogar darauf, auch wenn nur eine diffuse Religiosität vorhanden ist; wir spenden die Taufe der Kinder auf der Basis dieser kirchlichen Eheschließung und eines hauchdünnen Taufgesprächs; wir setzen darauf die Erstkommunion, auch wenn solche Kinder von zu Hause aus kaum das Kreuzzeichen mitbringen, lassen sie ein Versprechen der ‚Tauferneuerung' ablegen, das von den Anwesenden ebenso wenig ernst genommen werden kann, wie das wiederum ein paar Jahre später daraufgesetzte ‚Sakrament der Mündigkeit' von 12– bis 13-Jährigen! So erzeugt unsere Sakramentenpastoral das Problem der Fernstehenden! Die

leichtfertige Spendung der Sakramente ist ursächlich daran beteiligt, dass die Zahl der Kirchenfremden ständig wächst." In Wahrheit haben wir es mit „getauften Ungläubigen"[165] zu tun. Schon Ende der 70er-Jahre formulierte er: „Lassen wir das noch zwei Generationen laufen, und die Substanz des Glaubens ist dahin."[166] Das Ergebnis ist, dass wir zwar sakramentalisieren, aber nicht mehr evangelisieren. Die Probleme sind schon längst erkannt worden und es gibt auch etliche andere Aufsätze und Stellungnahmen, die das damals aufgegriffen haben. Die gesellschaftliche Situation hat sich seither dramatisch verändert, die Methodik und Pastoral der Kirche aber nicht. Ohne diesem Umstand Rechnung zu tragen, wird seit Jahrzehnten der gleiche Weg beschritten, bis zum Schluss nichts mehr geht! In anderen Nationen wie etwa Italien oder Frankreich gibt es schon längst alternative Modelle, bei denen die Eltern und ihre Kinder über längere Zeiträume begleitet werden. Das entscheidende Wort des Zweiten Vatikanischen Konzils hieß „ad fontes", zurück zu den Quellen, zu den Anfängen. Vieles in der kirchlichen Praxis hatte sich zu weit vom Ursprünglichen entfernt. Neue Mitglieder waren in der Kirche der ersten Jahrhunderte fast immer Erwachsene. Bis zur Konstantinischen Wende Anfang des vierten Jahrhunderts war es gefährlich, sich als Christ zu bekennen, denn es konnte das Leben kosten. Wer Christ wurde, tat diesen Schritt aus Überzeugung, und er wusste, dass ihm dies den Tod, der oft grausam war, bringen konnte. Die Kirche der ersten Jahrhunderte war eine Missions- und Märtyrerkirche. Es wurde keineswegs jeder getauft. Die Vorbereitung auf die Taufe, Katechumenat genannt, dauerte etwa drei Jahre. Taufbewerber mussten einen Bürgen stellen, einen Paten, der sie begleitete und versicherte, dass es ihnen ernst war. In einigen Zeremonien der Taufe wurde als ausdeutender

Ritus nach der Taufe auf einem alten Gewand herumgetrampelt. Der alte Mensch der Sünde wurde mit Füßen getreten; er wurde in dieser Symbolik abgelegt, etwas Neues konnte beginnen. Einige Berufe, die mit dem christlichen Ethos nicht vereinbar waren, konnten nicht mehr ausgeübt werden. Die Taufe war eine Lebenswende und in manchen Situationen die Vorbereitung auf das Martyrium!

Papst Franziskus hat in seinem grundlegenden Werk, dem Apostolischen Schreiben „Evangelii gaudium", sein Programm für die Erneuerung der Kirche dargelegt. Es beinhaltet für ihn wichtige Konsequenzen und wurde schon im November 2013, nur wenige Monate nach seiner Wahl zum obersten Hirten der katholischen Kirche, geschrieben. Es geht darum, „die nötigen Maßnahmen zu ergreifen, um auf dem Weg einer pastoralen und missionarischen Neuausrichtung voranzuschreiten, der die Dinge nicht so belassen darf, wie sie sind. Jetzt dient uns nicht eine ‚reine Verwaltungsarbeit'. Versetzen wir uns in allen Regionen der Erde in einen ‚Zustand permanenter Mission'."[167] Maßgeblich davon betroffen ist die Pastoral: „Die Seelsorge unter missionarischem Gesichtspunkt verlangt, das bequeme pastorale Kriterium des ‚Es wurde immer so gemacht' aufzugeben. Ich lade alle ein, wagemutig und kreativ zu sein in dieser Aufgabe, die Ziele, die Strukturen, den Stil und die Evangelisierungs-Methoden der eigenen Gemeinden zu überdenken. Eine Bestimmung der Ziele ohne eine angemessene gemeinschaftliche Suche nach den Mitteln, um sie zu erreichen, ist dazu verurteilt, sich als bloße Fantasie zu erweisen. Ich rufe alle auf, großherzig und mutig die Anregungen dieses Dokumentes aufzugreifen, ohne Beschränkungen und Ängste."[168] „Wie sehr wünschte ich, die richtigen Worte zu finden, um zu einer Etappe der Evangelisierung zu ermutigen, die mehr Eifer, Freude, Großherzigkeit, Kühnheit aufweist, die ganz von Liebe erfüllt ist und von einem Leben, das ansteckend wirkt!"[169] Immer wieder spricht er – auch im Brief an das pilgernde Gottesvolk in Deutschland vom 29. Juni 2019 – von einer „pastoralen Umkehr". Vieles muss anders aufgesetzt und aufgegleist werden. Doch was sind die Mittel, die der Papst angesprochen hat, die eingesetzt werden müssen, um dieses Ziel zu erreichen?

11.

Wie man Jünger macht
Die Alpha-Kurse

Ende der 50er-Jahre schrieb ein damals noch relativ unbekannter junger Theologe: „Nach der Religionsstatistik ist das alte Europa noch immer ein fast vollständig christlicher Erdteil … Die Statistik täuscht: Dieses dem Namen nach christliche Europa ist seit rund vierhundert Jahren eine Geburtsstätte eines neuen Heidentums geworden, das im Herzen der Kirche selbst unaufhaltsam wächst und sie von innen her auszuhöhlen droht. Das Erscheinungsbild der Kirche der Neuzeit ist wesentlich davon bestimmt, dass sie auf eine ganz neue Weise Kirche der Heiden geworden ist und immer mehr wird: nicht mehr wie einst Kirche aus den Heiden, die zu Christen geworden sind, sondern Kirche von Heiden, die sich noch Christen nennen, aber in Wahrheit zu Heiden wurden. Das Heidentum sitzt heute in der Kirche selbst."[170] Die eigentliche Anfechtung des Christen geht vom innerkirchlichen Heidentum aus, das er den „Gräuel der Verwüstung an heiliger Stätte (Mk 13,14)"[171] nennt. Joseph Ratzinger ist der Verfasser dieser prophetischen Worte, die ihm damals viel Kritik eingebracht haben. Ihm wurde unterstellt, ein Prophet des Negativen zu sein. Die Kirchen seien doch gefüllt wie selten zuvor in der Geschichte. Abständige würde es immer geben. Mit dem angekündigten Zweiten Vatikanischen Konzil würde sich die Lage der Kirche sogar noch zusätzlich verbessern. Leider kam es anders. Die Gründe hierfür sind vielfältig und können an dieser Stelle nicht erörtert werden; hier geht es um die Spendung der Sakramente und um die Frage, ob diese sozusagen Gnadenkapseln mit lang anhaltender Wirkung sind. Das habe ich lange Zeit auch gedacht, obwohl ich mich bei unserer aktuellen Praxis zunehmend unwohl fühlte. Ich bin bisher noch niemandem begegnet, der, wenn er um die Spendung der Sakramente gebeten hat, sich nicht angemessen verhalten hätte. Man wollte ja etwas von der Kirche haben. Aber ich merkte auch, dass meine Ausführungen bei den Gesprächen über die anschließende Glaubenspraxis nach dem Sakramentenempfang auf steinigen Boden fielen: Sie würden es nicht tun, worum ich sie innig und mit guten Argumenten gebeten hatte. Lange Zeit dachte ich, dass der Empfang der Sakramente nicht schaden könne. Irgendetwas Gutes wird es schon bewirken. Besser getauft als nicht getauft, besser gefirmt als nicht gefirmt. Das ist doch eine gewisse Grundausrüstung für das Leben, besonders für junge Menschen. Wie viele meiner Mitbrüder habe ich auf die Spendung der Sakramente gedrängt, besonders beim Ehesakrament. Jemand, der gläubig geworden ist und sich im Erwachsenenalter hat taufen und firmen lassen, schrieb mir kürzlich von der „Doppelverglasung", die er durch diese beiden Sakramente empfangen hätte. Sie hätten nach der Erfahrung eines schlimmen Missbrauchs das ganze Leben verändert. Die Sakramente seien eine große Stärkung gewesen – aber das war ein gläubiger Mensch. Mittlerweile bin ich mir nicht mehr so sicher, ob das gut ist, was wir da tun. In der zentralen Verkündigung des Herrn, in der Bergpredigt, lesen wir: „Gebt das Heilige nicht den Hunden und werft eure Perlen nicht den Schweinen vor, denn sie könnten sie mit ihren Füßen zertreten und sich umwenden und euch zerreißen!" (Mt 7,6). „Hunde und

Schweine" meint Außenstehende. Es ist schwierig festzustellen, um welche Situation es hier konkret geht, den Sitz im Leben zu ermitteln. Aber die grundsätzliche Bedeutung ist klar: Man darf keinem Menschen ohne entsprechende Disposition die Perlen geben. „Sie verdauen es nicht, sie werden unwillig, sie werden wütend, sie zertreten die Perlen mit ihren Füßen. Und: Sie werden aggressiv, sie wenden sich um und ‚zerreißen euch'."[172] Kann es sein, dass die Aggressionen gegen die Kirche, die wir derzeit bei vielen Menschen antreffen, auch damit etwas zu tun haben? In der Auslegung der Bergpredigt ist der Nachsatz „Sie wenden sich um und zerreißen euch" bisher kaum beachtet worden. Wenn Menschen gefirmt werden, dann aber den Glauben nicht mehr praktizieren, ist das damit vergleichbar, wie wenn jemand den Führerschein macht, ein Auto kauft und dieses dann in der Garage stehen und vor sich hinrosten lässt, weil er es nicht mehr benutzt. Das kann doch nicht der Sinn der Sache sein. Sakramente können gespendet werden, so ein dogmatischer Grundsatz, wenn kein Hindernis in den Weg gelegt wird, wenn sie gewollt werden. Ist diese Intention aber vorhanden, wenn Jugendliche fest entschlossen sind, nach der Firmung nicht mehr zum Gottesdienst zu gehen und am Gemeindeleben teilzunehmen? Sie selbst wissen es und alle an der Firmung Beteiligten auch – und trotzdem spenden wir die Sakramente mit fortlaufendem Erfolg, im wörtlichen Sinn verstanden: Sie laufen davon und kommen nicht wieder. Offensichtlich wurde Wesentliches nicht verstanden. Die Situation müsste uns alle beunruhigen, doch die Veränderungsresistenz ist enorm, weil mit erheblichem Widerstand gerechnet werden muss, wenn eine effiziente Vorbereitung eingefordert wird. Für viele Menschen ist die Kirche einem Verein vergleichbar, mit einem Mitgliedsbeitrag in Form der Kirchensteuer, der ihnen zu hoch vorkommt. Dafür haben sie in ihrer Wahrnehmung auch entsprechende Rechte, etwa in Hinblick auf die Spendung der Sakramente. Sie werden es nicht akzeptieren, wenn ihnen zusätzlich noch etwas abverlangt wird. Trotzdem führt an einem Katechumenat kein Weg mehr vorbei, wie immer dieses in Zukunft auch aussehen wird. Sakramente sind etwas Heiliges, sie wirken aber nicht automatisch, sondern setzen die Offenheit des Empfängers voraus. Sie können dort nicht verantwortet gespendet werden, wo Menschen vorsätzlich dafür nicht offen sind. Wir dürfen nicht weiter an einer pastoralen Praxis festhalten, die sich überlebt hat.

Kirche wird erlebt als ein heuchlerisches, unehrliches So-tun-als-ob. Mit dem wirklichen Leben hat das aber nichts zu tun. Für Kopp ist das Resultat klar, denn das Ende der christentümlichen Gesellschaft ist erreicht: „Wir können doch in dieser völlig und ganz und gar veränderten Landschaft nicht einfach so weitermachen wie früher, als wäre nichts geschehen, als hätte sich nichts verändert – das kann doch nicht sein! Wir tun das aber landauf, landab."[173]

Was ist zu tun? Vernunft kommt von Vernehmen; das zur Kenntnis zu nehmen, was ist, auch wenn es schmerzlich ist. Ich glaube nicht, dass dies in unserer Kirche schon geschieht, sonst hätte es schon längst deutliche Veränderungen in der Pastoral gegeben. Ich erinnere noch einmal an das, was Ministerpräsident Kretschmann im Interview vom 5. Oktober 2021 gesagt hat: „Der größte Teil der Menschen verlässt die Kirche, weil sie den Glauben verloren haben."[174] Dieser Glaubensverlust geschieht unabhängig von Skandalen wie dem Missbrauch und Versäumnissen bei dessen Aufarbeitung. Das wird gestützt durch eine Umfrage des Instituts für Demoskopie Allensbach im Dezember 2021. Seit Jahrzehnten könne man eine Erosion des Christentums in Deutschland beobachten. Dieser Prozess geschieht langsam und kontinuierlich, am besten vergleichbar mit dem Verdunsten von Wasser. Kerninhalte des Christlichen wie der Glaube an Jesus Christus als den Sohn Gottes, an die Dreifaltigkeit oder an die Auferstehung von den Toten würden immer weniger geteilt. Die Vorstellung, wonach viele tiefgläubige Menschen die Kirche aus Protest verlassen, sei falsch. So weit diese Analyse; Letzteres meint man aber vielerorts, denn man ist weithin der Auffassung, dass sich alles zum Guten wenden würde, wenn sich die Kirche selbst reformierte. Beim Synodalen Weg hat man bewusst auf ein eigenes Forum zur Thematik der Evangelisierung verzichtet; ein entsprechender Antrag wurde abgelehnt. Sich auf die Missbrauchssituation, den Klerikalismus, Fragen der Macht und der Position der Frauen in der Kirche sowie der Sexualität zu beschränken, wird, auch vor dem Hintergrund der Erfahrung der Kirchengeschichte, zu keiner wirklichen Reform in der Kirche führen.[175] Es ist bedauerlich, mit welcher Heftigkeit die Diskussionen geführt werden, die zu immer größeren Spaltungen und Zerwürfnissen führen statt zu einer größeren Einheit. Die Kirche paralysiert sich geradezu selbst. Der Medienexperte Holger Doetsch führte im Interview mit kath.net am 25. Januar 2022 anlässlich der Veröffentlichung des Missbrauchsgutachtens der Erzdiözese München-Freising aus: „Bezeichnend: Ich habe seit fünfzehn Jahren einen guten Bekannten, der sich als Atheist bezeichnet. In all den Jahren habe ich mich mit ihm persönlich in der Kneipe und […] in den asozialen Netzwerken im wahrsten Sinne des Wortes über Gott und die Welt in der Wolle gehabt. Auf einmal aber war er diesbezüglich verstummt. Keine Anwürfe gegen die katholische Kirche und ihr Personal mehr, nichts. Ich habe ihn – als Christ natürlich hoffend auf eine späte Läuterung des Bekannten – gefragt, was denn los sei. Und er antwortete mir mit einem Schmunzeln: ‚Ich schweige, weil ich erkannt habe, dass ihr euch selbst kaputt macht. Warum sollte ich mich da noch anstrengen?'"

Ich stimme Mallon zu, wenn er schreibt: „Die einzige derzeit mögliche Lösung liegt darin, zu dem zurückzukehren, was Jesus vor 2000 Jahren von uns verlangt hat – nicht nur Gläubige zu machen oder ‚praktizierende Katholiken', sondern Jünger. *Jünger* machen, das ist der Punkt!"[176] Der Aussendungsbefehl des auferstandenen Christus auf einem Berg in Galiläa ist ein Satz, der von Maximalismen nur so strotzt: „Mir ist alle Vollmacht gegeben im Himmel und auf der Erde. Darum geht und macht alle Völker zu meinen Jüngern; tauft sie auf den Namen des Vaters, des Sohnes und des Heiligen Geistes und lehrt sie, alles zu befolgen, was ich euch geboten habe" (Mt 28,18f.). Vier Aufträge wurden erteilt, nämlich zu gehen, Jünger zu machen, zu taufen und zu lehren, drei davon sind Partizipien und einer eine finite Verbform im griechischen Text, von dem wir auszugehen haben. Letztere ist die innere Achse, das für die Auslegung entscheidende Wort, von dem her die anderen zu verstehen sind. Mallon hat bei seinen vielen Vorträgen seine Zuhörer raten lassen, welcher der vier Aufträge der entscheidende Dreh- und Angelpunkt sei. Kaum jemand hat die richtige Antwort gewusst, von 300 Zuhörern waren es nur 20. Die meisten entschieden sich für die Taufe. Es kommt aber auf das Jüngermachen an! In Deutschland klingt das etwas seltsam, wie Kaffeemachen oder die Hausarbeit machen … oder irgendetwas anderes. Jünger machen – wie geht das? Im Griechischen steht dafür das Wort *manthanein*. Wörtlich übersetzt heißt es „lernen". Jünger ist man nicht durch einen abgeschlossenen, einmaligen Prozess wie bei einem Kurs, der absolviert wurde und von dessen

Kenntnissen man profitiert. Es ist etwas, was man ein Leben lang tun muss. Das lateinische Wort für „Jünger" heißt *discipulus*, darin steckt das Wort „Disziplin". Wer Jünger machen will, muss sich auf einen lebenslangen Lernprozess einlassen, und dazu braucht es Disziplin. Glaube ist deshalb nicht etwas von Lust und Laune, sondern hat vielmehr mit Gehorsam und Disziplin zu tun. Die drei anderen Befehle des Auferstandenen wurden in der Kirche befolgt und in die Tat umgesetzt. Auch wenn man beim Hinausgehen zu den Völkern in der Mission Fehler und Versäumnisse begangen hat, als man die indigenen Kulturen in ihrem Eigenwert nicht respektiert hat, so hat man ihnen doch oft unter großen Opfern das Evangelium verkündet und sie getauft. Die Lehre der Kirche wurde ausführlich und differenziert dargelegt. Wie viele Hochschulen und Universitäten gibt es doch auch heute noch! Da sind wir sehr gut. Aber das Entscheidende, Jünger zu machen, sie zu formen, das ist zu kurz gekommen.

In Lateinamerika hat in den letzten Jahrzehnten ein Drittel der Katholiken ihre Kirche verlassen und ihr den Rücken gekehrt. Die meisten haben sich evangelikalen Protestanten angeschlossen. In dem Dokument, das nach dem brasilianischen Marienerscheinungsort Aparecida benannt wurde und 2007 als Schlussdokument der fünften Generalversammlung des Episkopats von Lateinamerika und der Karibik herauskam, war Papst Franziskus der Hauptrelator; er war auch wesentlich an dessen Entstehung beteiligt. Fast jedem Besucher im Vatikan hat er zumindest in den ersten Jahren seines Pontifikats dieses Buch geschenkt. Der Abschnitt 5.4 trägt den Titel „Menschen, die die Kirche verlassen und sich anderen religiösen Gruppen angeschlossen haben" und gibt die Forschungsergebnisse von Dr. José Luis Pérez Guadalupe, einem Wissenschaftler und Professor an der Universität von Peru, wieder. Seine Untersuchungen basieren auf Hunderten von Interviews mit Austretenden oder schon Ausgetretenen, die sich meist evangelikalen Protestanten angeschlossen haben. Die Interviewer stellten vier Hauptgründe fest, weshalb sie die Kirche verlassen hatten.[177]

Erstens: Die Gläubigen hatten „nie eine persönliche Begegnung mit Jesus Christus in unserer Kirche erfahren". Sie haben nie die Erfahrung gemacht, wer Jesus Christus für sie ist. Es ist alles meist nur formelhaft abgelaufen. Bei den Evangelikalen hingegen wird Wert auf das Bekenntnis und Zeugnis gelegt.

Zweitens: Ein authentisches, von Herzen kommendes Gemeindeleben, in dem Menschen sich geschwisterlich angenommen, geschätzt und wahrgenommen wissen und in das kirchliche Leben eingebunden fühlen (Nr. 226b), hat in ihren bisherigen katholischen Gemeinden gefehlt.

Drittens: Schwerpunkt der Verkündigung ist die biblische Unterweisung, die dort in lebendiger Weise stattfindet, während diese in der katholischen Kirche als theoretisch und kalt empfunden wird.

Viertens: Eine missionarische Verpflichtung sei in der katholischen Kirche nicht gegeben gewesen. Der Gottesdienst endet für die Besucher nicht mit einer Sendung. Es war ihnen nicht klar, dass sie, die mit dem Glauben beschenkt worden sind, diesen jetzt auch anderen vermitteln sollten. In den protestantischen Gemeinden würde darauf größter Wert gelegt.

Es ist bestürzend festzustellen, dass es nicht um dogmatische Fragen geht, warum die Menschen die katholische Kirche verlassen haben; es waren rein pastorale, praktische Gründe. Die Forschungsergebnisse von Aparecida wurden unter der Nr. 225 so zusammengefasst: „In unserer pastoralen Praxis machten wir die Erfahrung, dass aufrichtige Menschen unsere Kirche oftmals nicht deshalb verlassen, weil die ‚nicht katholischen' Gruppen etwas anderes glauben, sondern in der Hauptsache, weil sie anders leben. Sie tun es also nicht wegen der Lehre, sondern wegen der anderen Lebensformen. Sie tun es nicht aus strikt dogmatischen, sondern aus pastoralen Motiven heraus; nicht wegen theologischer Probleme, sondern wegen des methodischen Vorgehens unserer Kirche."[178]

Auch wenn die Verhältnisse in Südamerika anders sind als bei uns, so ist doch diese Analyse der Austrittsbewegung für uns aufschlussreich. Wir könnten von dem, was dort festgestellt wurde, viel lernen und bei uns umsetzen. Papst Franziskus hat uns den Weg gewiesen. Er hat erfasst, wo man ansetzen muss. Ein starkes Zeichen hierfür ist die Kurienreform, die an Pfingsten 2022 in Kraft gesetzt wurde. Dezentralisierung und Evangelisierung sind ihre zentralen Punkte. Noch vor der Glaubenskongregation steht an erster Stelle das Dikasterium für die Evangelisierung, in dem die Kongregation für die Evangelisierung der Völker und der Päpstliche Rat zur Förderung der Neuevangelisierung zusammengelegt wurden. Der Papst selbst leitet diese. Das ist ein starkes Zeichen, womit er der Weltkirche zeigen will, worauf es ihm ankommt.

Die Ergebnisse von Aparecida sind eine wesentliche Grundlage für die Reformen, die Mallon aufgegriffen und in seiner Gemeinde durchgeführt hat, und zwar anhand von Alpha-Kursen.[179] Was er hier getan hat, war also theologisch gut reflektiert und keineswegs unterkomplex (ein Modewort, dem man in der Kirche heute oft begegnet, das aber hier ganz bestimmt nicht zutrifft). Diese Kurse sind nicht das Allheilmittel schlechthin, aber er kennt keinen besseren Weg für die Evangelisierung als diese, denn sie machen damit ernst, dass Sakramente nicht an Ungläubige gespendet werden können. Mit Erlaubnis seines Bischofs hat er darauf bestanden, dass alle, welche in seiner Pfarrei Sakramente empfangen wollen, einen Alpha-Kurs absolvieren müssen, angefangen bei der Taufe über die Eucharistie und die Firmung bis hin zur Ehevorbereitung. 30 bis 40 Prozent weniger Jugendliche haben sich daraufhin im Vergleich zu früheren Jahren zur Firmung angemeldet; es war ihnen zu anspruchsvoll und zeitaufwendig. Seine Pfarrgemeinde ist aber dann in einer Weise aufgeblüht, wie man das vorher so nicht ahnen konnte. Viele Priester aus allen Ländern der Erde kommen heute in seine Pfarrei, um sich vor Ort von seinem Konzept zu überzeugen und zu lernen. Werden wir wie Mallon den Mut aufbringen, den Menschen mitzuteilen, dass wir uns herzlich freuen, wenn sie die Sakramente in unserer Kirche empfangen wollen, ihnen aber auch mitteilen, dass dazu eine intensive Vorbereitung notwendig ist und, wenn diese nicht stattfindet, die Sakramente nicht gespendet werden können? Trauen wir uns, ihnen zu sagen, dass bei mangelnder innerer Disposition die Spendung der Sakramente nicht nur fruchtlos, sondern auch kontraproduktiv sein kann? Im Berufsleben ist es ähnlich. Niemand bildet sich fort oder absolviert Kurse, um sie anschließend wieder zu vergessen. Außerdem ist eine ständige Fortbildung angesagt, weil sich die Erfordernisse gerade in der heutigen Zeit ständig ändern. Ein guter Fußballer kann nur jemand sein, der bei allem Talent auch fleißig trainiert.

Doch nun zu den Alpha-Kursen. In jeder Kirche gibt es eine Osterkerze, auf der die griechischen Buchstaben Alpha und Omega zu lesen sind. Alpha ist der erste und Omega der letzte Buchstabe im griechischen Alphabet. Im Deutschen würden dem die Buchstaben A und Z entsprechen. Dies bezieht sich auf die Geheime Offenbarung, in der Christus sagt: „Ich bin das Alpha und das Omega, der Erste und der Letzte, der Anfang und das Ende" (Offb 22,13). Bei den Alpha-Kursen geht es um den Anfang, den Einstieg in den Glauben, um die *Basics,* wie wir das heute nennen würden.

Diese Erstverkündigung in den Alpha-Kursen umfasst, je nach Aufbau, mindestens zehn Einheiten, zu denen noch ein Einkehrwochenende hinzukommt. Die Tageszeit ist nicht festgelegt, sie finden aber meistens am Abend statt. Die Kurse sind überkonfessionell und ökumenisch ausgerichtet. Sie wurden als Einführung in den christlichen Glauben konzipiert und nicht als Vorbereitung auf speziell katholische Glaubensinhalte wie die Sakramente, da das Verständnis von Eucharistie und Abendmahl bei Katholiken und Protestanten grundsätzlich unterschiedlich ist, ebenfalls die Anzahl der Sakramente. Diese Kurse entstanden in den 70er-Jahren in der anglikanischen Kirche „Holy Trinity Brompton" in London. Neue Christen sollten lernen, mit den Grundlagen des christlichen Glaubens vertraut zu werden. 1990 übernahm Pastor Nicky Gumbel die Leitung der Alpha-Kurse, die sich unter seiner Führung in der ganzen Welt verbreiteten; bald gab es nicht nur Einführungskurse für den Glauben, sondern auch Angebote für spezifische soziale Gruppen (Jugendliche, Studenten, junge Eltern, Alpha im Gefängnis oder am Arbeitsplatz) oder für Krisensituationen des Lebens. Etwa 30 Millionen Menschen in 152 Ländern (Stand: August 2022) haben bisher daran teilgenommen. In Deutschland waren es während der Corona-Zeit so viele Alpha-Kurse wie nie zuvor, denn sie können zur Not auch online durchgeführt werden. Wer an diesen teilnimmt, geht keine Verpflichtungen ein, und es entstehen keine Kosten. Es ist sinnvoll, alle zu belegen, aber man kann auch abbrechen oder Teile auslassen. Sie finden an einem neutralen Ort statt, von einer Kirche oder kirchlichen Räumlichkeiten wird eher abgeraten, damit für Außenstehende nicht von vornherein eine Barriere entsteht. Ein Alpha-Kurs in meiner Nähe wurde sogar einmal mit Erfolg in einer Bar durchgeführt! Es wird darauf geachtet, dass zwei Stunden für eine Einheit eingehalten werden, die sich in drei Teile gliedert. Begonnen wird mit einem Essen, das gemeinsam eingenommen und meist von einem Kursteilnehmer ausgerichtet wird. Danach folgt ein Film oder ein Vortrag über ein Glaubensthema, über das anschließend in Kleingruppen gesprochen wird. Die Filme dauern etwa 20 Minuten; sie sind modern und ansprechend gestaltet. Grundfragen des Lebens und Glaubens werden aufgegriffen: Hat mein Leben einen tieferen Sinn? Wer ist Jesus? Wie kann man die Bibel lesen? Warum und wie bete ich? Jeder darf seine Meinung frei äußern, ohne dass dies von anderen beurteilt oder kommentiert wird. Zwei Gesprächsleiter moderieren die Begegnung. Die Kurse basieren auf drei Elementen: zuerst Gemeinschaft und lockerer Austausch in Form eines Essens, dann die Vermittlung des Glaubens und die Umsetzung im Leben.[180] Vorkenntnisse sind bei den Kursen nicht erforderlich, allenfalls gewünscht. Es wird Wert auf eine Willkommenskultur gelegt. Nur wenn Menschen sich angenommen fühlen, werden sie sich für Glaubensfragen öffnen. Besonders von evangelischen Freikirchen werden diese Kurse mit Erfolg angeboten; sie haben sich missionarisch als fruchtbar gezeigt. Alpha finanziert sich zu 90 Prozent aus Spenden.

Der schärfste Einwand gegen eine Verpflichtung der Gläubigen, an solchen Kursen teilzunehmen, wird lauten, damit eine Kirche der Entschiedenen und Hundertprozentigen anzustreben. Eine geradezu sektiererische Unduldsamkeit, die alle herausdrängen will, welche diesen Weg nicht gehen können oder wollen, würde hier hervortreten. Die „kleine Herde" (Lk 12,32) anzustreben, könne aber nie das

Ziel kirchlicher Verkündigung und Pastoral sein. Dieser Einwand verfängt in der Tat, denn es darf in der Kirche nicht darum gehen, das geknickte Rohr zu zerbrechen und den glimmenden Docht auszulöschen (Mt 12,20). Auf der anderen Seite muss aber sowohl das Nicht-richtig-Vorbereitetsein sowie auch die mangelnde innere Disposition ernst genommen werden, weil sonst die Sakramente und damit der ureigenste Auftrag der Kirche nicht ernst genommen werden. Ich verweise an dieser Stelle ausdrücklich auf die Ausführungen von Dietrich Bonhoeffer über die billige Gnade! Sakramente dürfen den Menschen nicht „nachgeworfen" werden, wenn die Bereitschaft zur Nachfolge nicht gegeben ist. Letztlich handelt es sich hierbei um die pastorale Wende, auf die es ankommt und von der so viel gesprochen wird. Der Glaube wie auch die Synode sind ein Wegprozess, bei dem ein Ankommen am Ziel nicht von vornherein garantiert ist. Wer den Weg nicht mitgehen will, um ans Ziel zu kommen, wird nicht dazu gezwungen. Er kann aber dann nicht erwarten, dass ihm die Sakramente der Kirche gespendet werden. Die Glaubwürdigkeit der Kirche steht auf dem Spiel! Solange die Evangelisierung es nicht einmal wert ist, von der Bischofskonferenz aufgegriffen zu werden, wird sich nichts ändern. Früher oder später wird dies jedoch geschehen, weil die Situation nichts anderes mehr zulässt. Eine eindeutige, alle befriedigende Lösung wird es wohl kaum geben. Ein erster Schritt in Richtung der Evangelisierung könnten Alpha-Kurse oder Vergleichbares sein. Sie müssten flächendeckend angeboten werden mit der dringenden Bitte, daran teilzunehmen. Solange nicht einmal das geschieht, macht es wenig Sinn, über den nächsten Schritt nachzudenken.

Wir haben einen langen Weg zurückgelegt, der mit einer Analyse der Literatur von Theologen zur Vorsehung Gottes im Ersten Weltkrieg begonnen hat. Es war fatal, einfach nur das nachzuplappern, was damals allgemein gesagt und gedacht worden ist, anstatt im prophetischen Widerstand auf die Millionen Toten aufmerksam zu machen, die in einem sinnlosen Krieg ihr Leben geben mussten. Noch deutlicher trat dies bei der evangelischen Kirche zutage, die sich mit der bösartigsten Ideologie, welche die Menschheit bis dahin erlebt hatte, mit überwältigender Mehrheit zu arrangieren wusste. Nur ganz wenige wie Dietrich Bonhoeffer haben dagegen protestiert und theologisch reflektiert, wie es so weit kommen konnte, Glaube ohne Nachfolge zu verstehen. Billige Gnade ist letztlich eine Karikatur des Evangeliums. Verfälschungen des Glaubens können aber auch dann geschehen, wenn unreflektiert naturwissenschaftliche Erkenntnisse als Grundlage für die Interpretation der Bibel herangezogen werden. Die Nachbeben dieses Programms der Entmythologisierung der Bibel spüren wir heute noch. Als das Volk Israel nach der Wüstenwanderung in Kanaan sesshaft wurde, war es eine entscheidende Frage, ob der Mitgeh-Gott dieser Zeit auch für die Fruchtbarkeit des Landes verantwortlich ist. Durch die Verehrung des Fruchtbarkeitsgottes Baal zeigten sie, dass sie wie die anderen Völker sein wollten. Die Propheten haben vehement dagegen protestiert. Exemplarisch wurde das Sein-Wollen wie die anderen Völker anhand der Forderung nach einem König aufgezeigt. Erwählung im Sinn von Gerufensein durch Gott meint nicht die Anpassung an das, was üblich ist. Im Neuen Testament wird das schon am Beginn der Verkündigung Jesu deutlich, der im Hinblick auf die beginnende Gottesherrschaft zur Umkehr aufruft. Diese wird als Lebenswende verstanden, bei der alles von der Perspektive des Evangeliums her betrachtet wird. Dem Kreuz und der Auferstehung des Herrn kommen hierbei zentrale Bedeutung zu, von denen her alles andere zu bemessen ist. Beide sind auch heute eine bleibende Herausforderung, sich nicht dem Zeitgeist anzupassen, was besonders bei der Sexualethik deutlich wird. Die anthropologische Wende nach dem Konzil hatte und hat ihre Berechtigung, ist aber ein Weg in die Irre, wenn die Autonomie des Menschen so betont wird, dass von der Offenbarung und letztlich von Gott und seinem Anspruch nur noch wenig übrig bleibt. Deshalb mahnen führende Theologen an, die Schwerpunkte wieder neu zu setzen, indem sie eine theozentrische Wende einfordern: Gott und das Heilige müssen wieder mehr in den Mittelpunkt theologischen Denkens und Handelns gestellt werden. Daraus ergibt sich auch die innere Notwendigkeit einer pastoralen Wende in der Sakramentenspendung. Das Nichtvorbereitetsein und die mangelnde innere Disposition der Menschen müssen wieder ernst genommen werden durch die Einführung eines Katechumenats. Alpha-Kurse sind eine bewährte Möglichkeit, dies in die Praxis umzusetzen.

Es ist erstaunlich, dass das Nichtzeitgemäße von der Kirche oft an Stellen eingefordert wird, wo man es nicht erwarten würde. Harald Martenstein schrieb im ZEIT-Magazin vom 9. Juni 2022 rückblickend auf den Katholikentag in Stuttgart: „Gott würden sie beim Katholikentag eher nicht einladen, auch wenn er bereit wäre zu kommen. Gott ist unberechenbarer als Scholz, auch militanter, man denke an Sodom und Gomorrha. Wer also auf Spiritualität steht, ist im Yogastudio vielleicht besser aufgehoben. Das, was mich an der Kirche angezogen hat, war genau das, wovon sie heute nichts mehr wissen will, das Unzeitgemäße. Ich mochte das Gefühl, Teil einer 2000 Jahre langen Kette zu sein, ich liebte das lateinische Paternoster und lernte es auswendig. Sogar

Beichten fand ich cool, wegen der Vergebung am Ende. Die armen Protestanten, Gott sei ihnen gnädig ... In den Bereichen, wo ich Reformbedarf sehe, etwa beim Thema Zölibat, bleibt die Kirche streng. Bei dem, was ich für gut halte, etwa den alten Ritualen, verliert sie ein Alleinstellungsmerkmal nach dem anderen. Schade, dass ihr nichts Besonderes mehr seid, dachte ich in Stuttgart."[181]

Anstelle eines Nachwortes

In einem Interview mit Jean Guitton sagte Papst Paul VI. 1977, ein Jahr vor seinem Tod: „Eine große Verwirrung gibt es in unseren Tagen in der Welt und in der Kirche, und was hier in Frage steht, ist der Glaube. Es geschieht nun, dass ich mir den geheimnisvollen Satz Jesu im Evangelium des hl. Lukas wiederhole: ‚Wird jedoch der Menschensohn, wenn er kommt, auf der Erde noch Glauben finden?' Und es geschieht heute auch, dass Bücher erscheinen, in denen der Glaube in einigen wichtigen Punkten verkürzt dargelegt wird, dass die Episkopate dazu schweigen und dass man diese Bücher nicht sonderbar findet, das ist nach meiner Meinung sonderbar.

Das, was mich beeindruckt, ist: Wenn ich die katholische Welt betrachte, scheint es, dass im Inneren des Katholizismus manchmal ein Denken von einem nicht katholischen Typus die Oberhand gewinnt, und es kann geschehen, dass *morgen* dieses nicht katholische Denken im Inneren des Katholizismus *das stärkste sein wird*. Aber es wird nie das Denken der Kirche darstellen. Es ist notwendig, dass *eine kleine Herde* bleibt, wie klein sie auch immer sein mag."[182]

Anmerkungen

[1] Vgl. zum Folgenden die Ausführungen von Gerhard Lohfink, „Der Mühlstein am Hals", in: *Die wichtigsten Worte Jesu*, 142–145.

[2] Für den Ersten Weltkrieg ist es der 6. Band, 2. Hälfte (1806–1808), für den Zweiten der 27. (1279f.). Bei der Literaturauswahl zu diesem Kapitel wurden nur solche Publikationen herangezogen, die sich in der Titelangabe ausdrücklich auf die Vorsehung beziehen. Es ist aber anzunehmen, dass die genannte Thematik auch unter anderen Bezeichnungen behandelt wurde. In den eingesehenen Schriften treten grundsätzliche Linien hervor, von denen begründet angenommen werden kann, dass sie durch ein umfassenderes Quellenstudium noch verfeinert, aber nicht gänzlich verändert werden würden.

[3] Über die übliche Zitationsweise hinaus wird die Position in der Hierarchie und die Konfessionszugehörigkeit angegeben, da diese Angaben von Relevanz sind:

– J. Beck, *Weltkrieg und Vorsehung. Ein Gespräch*, Köln-Mainz 1918 (kath. Professor).

– W. Dederichs, *Der Krieg im Lichte der Vorsehung*, Paderborn 1914 (kath. Kaplan).

– K. Delbrück, *Göttliche Vorsehung oder Zufall im gegenwärtigen Kriege?*, Halle 1915 (ev. Pfarrer).

– G. Eßer, *Krieg und göttliche Vorsehung*, Hamm 1915 (Professor für kath. Dogmatik).

– M. Gatterer, *Gottes Vorsehung und der Krieg*, Kalksburg 1916 (Jesuit).

– J. C. Gspann, *Blutiger Weltkrieg und gütige Vorsehung*, Regensburg 1915 (Professor für kath. Dogmatik).

– F. v. Hartmann, *Die göttliche Vorsehung. Hirtenbrief*, Köln 1915 (Kardinal und Erzbischof von Köln).

- Ph. Horbach, *Gebet und Vorsehung in Kriegsnot oder: Wie verträgt sich der Glaube an die Erhörbarkeit des Gebetes mit dem Glauben an die göttliche Vorsehung?* (= Näher, mein Gott zu dir, 3), Hamburg 1914 (ev. Pfarrer).

- A. Huber, *Die göttliche Vorsehung* (= Die Kreuzesfahne im Völkerkrieg 9), Freiburg ²1915 (Diözesanpräses und Dompräbendar).

- C. Schreiber, *Der Krieg und die Vorsehung Gottes. Feldpostbrief an unsere Soldaten und die Daheimgebliebenen*, Fulda 1915 (kath. Professor).

4 Vgl. Dederichs, *Der Krieg*, 5–7, 9; Delbrück, *Göttliche Vorsehung*, 5; Eßer, *Krieg*, 139, 144; Gatterer, *Gottes Vorsehung*, 5, 19; Gspann, *Blutiger Weltkrieg*, 10, 28; Hartmann, *Die göttliche Vorsehung*, 4; Horbach, *Gebet*, 5f.; Huber, *Die göttliche Vorsehung*, 99f., 108; Schreiber, *Der Krieg*, 2f.

5 Gatterer spricht in diesem Jahr immer wieder in fast schon gequält anmutender Weise vom schrecklichen Krieg und wann dieser endlich aufhöre (vgl. *Gottes Vorsehung*. 5, 14, 19, 26, 29, 33).

6 Dederichs, *Der Krieg*, 9, 36.

7 Hartmann, *Die göttliche Vorsehung*, 12.

8 Horbach, *Gebet*, 19.

9 Gspann, *Blutiger Weltkrieg*, 41. Ähnlich Eßer, *Krieg*, 140, 149; Gatterer, *Gottes Vorsehung*, 37; Schreiber, *Der Krieg*, 6. Am zurückhaltendsten urteilt noch Huber, *Die göttliche Vorsehung*, 100f.

10 Vgl. Eßer, *Krieg*, 145, 147, 157.

11 Dederichs, *Der Krieg*, 33.

12 Horbach, *Gebet*, 22.

13 Ebd., 22f.

14 Delbrück, *Gottes Vorsehung*, 10, 11.

15 Gspann, *Blutiger Weltkrieg*, 50–53.

16 Vgl. Pressel, *Die Kriegspredigt*, 337. Die Veröffentlichung erfolgte im Jahr 1967.

17 Vgl. Wischmann, *Führung*, 18.

18 Vgl. Dederichs, *Der Krieg*, 11–20; Eßer, *Krieg*, 159; Gatterer, *Gottes Vorsehung*, 25; Gspann, *Blutiger Weltkrieg*, 43–48; Huber, *Die göttliche Vorsehung*, 102; Schreiber, *Der Krieg*, 11.

19 Vgl. Dederichs, *Der Krieg* (dort besonders das 3. Kapitel „Der Krieg ein Erwecker", 21–34); Delbrück, *Göttliche Vorsehung*, 27f.;

Eßer, *Krieg*, 153f., 159f.; Gatterer, *Gottes Vorsehung*, 24f., 29f., 34; Gspann, *Blutiger Weltkrieg*, 33–40; Hartmann, *Die göttliche Vorsehung*, 12; Horbach, *Gebet*, 21; Huber, *Die göttliche Vorsehung*, 99, 103, 108–116; Schreiber, *Der Krieg*, 5, 12f.

[20] Vgl. Gatterer, *Gottes Vorsehung*, 31; Gspann, *Blutiger Weltkrieg*, 18f.; Hartmann, *Die göttliche Vorsehung*, 10; Schreiber, *Der Krieg*, 8.

[21] Dederichs, *Der Krieg*, 38.

[22] Delbrück, *Göttliche Vorsehung*, 29.

[23] Dederichs, *Der Krieg*, 32.

[24] Vgl. Horbach, *Gebet*, 19–25.

[25] Huber, *Die göttliche Vorsehung*, 104.

[26] Vgl. Schreiber, *Der Krieg*, 4f., 9f. Er geht auf die richtige Zuordnung von Zeit und Ewigkeit, Freiheitsentscheidungen des Menschen und das Gottesbild ein.

[27] Beck, *Weltkrieg und Vorsehung*, 3.

[28] Er nennt den Krieg einen von den Staatsoberhäuptern organisierten Menschenmord, eine Menschenschlächterei. „Leute, die einander nie etwas zuleide getan haben, müssen sich gegenseitig totschießen – und die ‚liebevolle göttliche Vorsehung' lässt das geschehen" (ebd., 4).

[29] Gott ist kein Polizeidirektor, der nach Art des Zeus bei Unrecht seine Donnerkeile schleudert. Beck verweist auf den Selbstwiderspruch jener, „die sich heiser schreien nach Demokratie, Autonomie, Freiheit" (ebd., 9), welche aber die Ersten sind, die nach dem intervenierenden Polizistengott rufen, sobald Leid über sie kommt.

[30] Ebd., 11.

[31] Der Student nimmt sich vor, den damals im Gebrauch stehenden Katechismus von Petrus Canisius wieder zu studieren und die Sakramente zu empfangen (vgl. ebd., 19f.).

[32] Vgl. Wiechert, „Das einfache Leben", in: *Sämtliche Werke*, 618.

[33] Garth, *VATICAN-magazin* 5/2021, 13.

[34] Grün, *Gespräche*, 187f.

[35] Bouhler, *Der großdeutsche Freiheitskampf*, 274. Die dazugehörenden zahlreichen Seitenangaben wurden hier weggelassen.

[36] Vgl. zum Folgenden ebd., 108, 113, 199, 226.

[37] Ebd., 107.

[38] Ebd., 17.

[39] „Napoleon war von der ihn leitenden Schicksalsmacht so überzeugt, dass er sich furchtlos in den dichtesten Kugelregen der Schlacht hineinstürzte und sich versucht fühlte, vor einen heranbrausenden Wagen zu springen, um sein Glück zu erproben. Im Jahr 1812 sagte er: ‚Ich fühle mich gegen ein Ziel getrieben, das ich nicht kenne. Sobald ich es erreicht haben werde, wird ein Atom genügen, mich zu zerschmettern. Bis dahin werden alle menschlichen Kräfte nichts gegen mich vermögen‘" (Stakemeier, *Schicksal*, 141).

[40] Turner, *Hitler aus nächster Nähe*, 272.

[41] Übersetzung nach der Lutherbibel 2017.

[42] Vgl. Heer, *Der Glaube des Adolf Hitler*.

[43] Ebd., 265.

[44] Vgl. Bonhoeffer, *Gemeinsames Leben*, 35–64.

[45] Bonhoeffer, „Nachfolge", 36.

[46] Ebd., 36.

[47] Ebd., 29.

[48] Ebd., 29f.

[49] Ebd., 31.

[50] Ebd., 35, 37.

[51] Ebd., 37.

[52] Ebd., 41.

[53] Ebd., 41f.

[54] Ebd., 42.

[55] Bonhoeffer, *Gemeinsames Leben*, 46.

[56] Tucholsky, „Braut- und Sport-Unterricht", 540.

[57] Reiser, *Der unbequeme Jesus*, 140.

[58] Vgl. Lohfink, *Wem gilt die Bergpredigt*, 55–58. In diesem brisanten Buch geht Lohfink im vierten Teil auch auf alle Einwände ein, die gegen die Kirche als eine „Kontrastgesellschaft" sprechen, und widerlegt sie.

[59] Delbrêl, *Wir Nachbarn*, 56.

[60] Wenisch, *Geschichten*, 37.

[61] Das Erste Vatikanum wies aufgrund der genannten Gründe den Deismus klar ab (vgl. „Dei Filius, Canones, I. De Deo rerum omnium creatore, Nr. 1–5", in: DH 3021–3025). Zuvor wurde schon

in den „Positiones Syllabi" der Satz zurückgewiesen: „Neganda est omnis Dei actio in homines et mundum" (DH 2902). Vgl. Lais, „Das Wunder", 296; Pesch, „Theologische Überlegungen", 84f.; Scheffczyk, *Einführung in die Schöpfungslehre*, 82.

[62] Scheffczyk, *Schöpfung und Vorsehung*, 135; vgl. Wenisch, *Geschichten*, 157.

[63] ÖBK, „Pastoralschreiben", 163.

[64] Mühlen, *Erfahrungen*, 39f.

[65] Ebd., 40f.

[66] Strauß, *Das Leben Jesu*, Bd. I ([4]1877), XXVIII.

[67] Spinoza, *Theologisch-politischer Traktat*, 110.

[68] Ebd.

[69] Ebd., 106. Seit Spinoza ist die Aussage, „ein Wunder könne keine Durchbrechung der Naturgesetze sein … zum unantastbaren Tabu in der Theologie geworden" (Glöckner, *Biblischer Glaube*, 31).

[70] Vgl. Spinoza, *Theologisch-politischer Traktat*, 94, 102f.

[71] Glöckner, *Biblischer Glaube*, 31.

[72] Staudinger/Schlüter, *An Wunder glauben?*, 81.

[73] „Ja, wer über die Herrscher von Nineve [sic] oder die ägyptischen Pharaonen schreibt, der mag dabei ein rein historisches Interesse haben; das Christenthum dagegen ist eine so lebendige Macht, und die Frage, wie es bei seiner Entstehung zugegangen, schließt so eingreifende Consequenzen für die unmittelbare Gegenwart in sich, daß der Forscher ein Stumpfsinniger sein müßte, um bei der Entscheidung jener Frage eben nur historisch interessirt zu sein" (Strauß, *Das Leben Jesu*, Bd. I [[4]1877], XXII).

[74] Ebd., 202.

[75] Ebd., XXII.

[76] Ebd., XXVI.

[77] Ebd., 339.

[78] Ebd., XXVII.

[79] Ebd., 336.

[80] Ebd., 366.

[81] Strauß, *Das Leben Jesu*, Bd. I, IXf. (Vorrede vom 24. Mai 1835 zur ersten Auflage; zit. nach der dritten Auflage von 1838). Ähnliches gilt für Schweitzers *Geschichte der Leben-Jesu-Forschung*: „Einen Je-

sus, der behauptet hat, er sei der Messias, hat es nie gegeben; aber laßt uns niederknien und Jesus verehren" (Lobkowicz, „Stellungnahme zu Pesch, Das ‚leere Grab'", in: *IKaZ* 11 [1982], 408).

[82] Zwei Bände, Tübingen 1840–41.

[83] Ranft, *Der Vorsehungsbegriff*, 12.

[84] Strauß, *Die christliche Glaubenslehre*, Bd. II, 384.

[85] Ebd., 390. Die Parallele zu verfehlten Versuchen der jüngsten Vergangenheit, Gott seines personalen Charakters zu berauben und ihn als Tiefe, Wärme, Innerlichkeit, Eigentlichkeit zu beschreiben, fällt auf.

[86] Vgl. Loduchowski, *Auferstehung*, 20. Bultmann nennt es in den 40er-Jahren ein Armutszeugnis, dass das von ihm Gesagte schon vor 30 oder 40 Jahren ähnlich gesagt hätte werden können und heute wieder gesagt werden müsse (vgl. *Neues Testament*, 24). Damit wird deutlich, an welche Gedankenführung er anknüpfen will.

[87] Vgl. Waldstein, „Die Fundamente", 451. Waldsteins Aufsatz „Die Fundamente der Theologie Rudolf Bultmanns" bietet Grundlegendes zu Bultmann (Teil I in: *IKaZ* 17 [1988], 451–467; Teil II in: *IKaZ* 17 [1988], 550–557).

[88] Neufeld, „Theologie", 773.

[89] Jüngel gibt diese Stellungnahmen in der Einleitung der Neuausgabe von *Neues Testament und Mythologie* (München 1986) wieder; vgl. ebd., 8.

[90] Bultmann, *Neues Testament* ‚13.

[91] Ebd., 15.

[92] Ebd., 17.

[93] Ebd., 12.

[94] Ebd., 18. Wiederholt bezeichnet er den Menschen als nicht Herr seiner selbst, wenn supranaturale Mächte in sein Leben „eingreifen".

[95] Ebd., 15.

[96] Ebd., 16.

[97] Scheffczyk, „Wunder", 292.

[98] Ratzinger, *Eschatologie*, 32f.

[99] ÖBK, „Pastoralschreiben", 163.

[100] Es zeigt sich hier wieder, wie wichtig die Lehre der Kirche als Auslegungsinstanz der Heiligen Schrift ist. Interessant ist hierzu

die Bemerkung Schliers in seiner „Kurzen Rechenschaft": „Die Situation des voraussetzungslosen und vereinzelten Exegeten vor dem wie zum ersten Mal aufgeschlagenen Bibelbuch ist eine Konstruktion und Abstraktion. Entweder ist er auch ohne sein Wissen oder gar Wollen vom Geist der Kirche bestimmt, oder er steht in einem der Heiligen Schrift fremden oder sogar feindlichen Lebens- und Vorstellungsbereich" (ebd., 188f.).

[101] DBK, „Schreiben an alle", Nr. 30.

[102] Vgl. Jonas, *Is Faith still possible today?*, 14, 21. Jonas macht dem protestantisch-theologischen Denken den Vorwurf, „im Bultmann'schen Sinne überflüssige, nicht mehr zeitgemäße Zugeständnisse an ‚den' Naturwissenschaftler [zu machen], welcher dabei unabänderlich als ein noch überlebender oder ausgestopfter Haeckelianer vorgestellt wird" (*Der Naturwissenschaftler*, 158).

[103] Die Rede vom „modernen Menschen" ist eine beliebig bestimmbare Abstraktion, die sicher dort nicht weiterhilft, wo es um eine rationale Argumentation geht (vgl. Linnemann, *Wissenschaft*, 64–73). Linnemann: „Aber eben dieser moderne Mensch ist einem Aberglauben verfallen, wie man ihn seit Jahrhunderten bei uns nicht mehr gekannt hat: Er verlässt sich auf Amulette und Horoskope, sucht Weisung bei Wahrsagern und befasst sich sogar mit Satanskult!" (*Wissenschaft*, 150).

[104] Ratzinger, „Schöpfungsglaube", 239.

[105] Vgl. Scheffczyk, *Auferstehung*, 177–182.

[106] Im Folgenden gehe ich auf die Auslegung von Gerhard Lohfink in seinem Buch *Die 40 Gleichnisse Jesu* ein, 19–24.

[107] Ebd., 21.

[108] Ebd., 21.

[109] Ebd., 22.

[110] Ebd., 23.

[111] Ebd., 24.

[112] Lohfink, *Die wichtigsten Worte*, 303.

[113] Ebd., 390.

[114] Mallon, *Divine Renovation*, 10f.

[115] Ebd., 11f.

[116] Guardini, *Der Herr*, 353.

[117] Ebd., 353–355.

[118] Vgl. Lohfink, *Die wichtigsten Worte*, 216.

[119] Claudel, „Ma conversion", in: *Œuvres en prose*, 1009–1010.

[120] Ebd., 1009.

[121] Ebd., 1009.

[122] Ebd., 1010.

[123] Ebd., 1010.

[124] Pihan, *Kreuzeslob*, 427–456, hier 451f.

[125] Berger, *Jesus*, 646.

[126] Mödl, *Katholisch*, 102f. Die seinem Zitat vorangehenden Ausführungen über die Kreuzesnachfolge sind von seinen Gedanken inspiriert.

[127] Ebd., 103.

[128] Lohfink, *Die wichtigsten Worte*, 389.

[129] Lohfink, *Jesus*, 324. In diesem Abschnitt zum Thema der Ehelosigkeit Jesu gebe ich die Gedanken des Autors wieder.

[130] Ebd., 325.

[131] ÖBK, „Pastoralschreiben", 166.

[132] Herzog, Rede anlässlich der Festveranstaltung „150 Jahre Deutscher Katholikentag" am 11. Juni 1998.

[133] Orth, „Ein Gespräch mit Ministerpräsident Kretschmann", 21.

[134] Ratzinger, *Dogma und Verkündigung*, 325.

[135] Lohfink, *Die wichtigsten Worte*, 303.

[136] Ebd., 303.

[137] Franziskus, „Schreiben an das pilgernde Volk", Nr. 3.

[138] Ebd., Nr. 5.

[139] Ebd., Nr. 5.

[140] Ebd., Nr. 9.

[141] Ebd., Nr. 6f.

[142] Ebd., Nr. 8.

[143] Vgl. ebd., Nr. 10, 12.

[144] Röser, „Kulturmanipulation", 3.

[145] Vgl. Fischer, „Genesis", 192.

[146] Ebd., 192.

[147] Ebd., 193.

[148] Bundesverfassungsgericht, Verbot der geschäftsmäßigen Förderung I. 1. a) bb).

[149] Ebd., I. 1. a) aa).

[150] Vgl. ebd., I. 1. a) bb).

[151] Kasper, *Herr, zu wem*, 12f.

[152] Ebd., 9.

[153] Ratzinger, *Jesus von Nazareth*, Bd. 1, 73.

[154] Lubac, *Über Gott hinaus*, 17f.

[155] Mallon, *Divine Renovation*, 35.

[156] Ebd., 35.

[157] Vgl. White, *Rebuilt*, 35–37.

[158] Ebd., 31.

[159] Mallon, *Divine Renovation*, 264.

[160] Ebd., 265.

[161] Ebd., 265.

[162] Kopp, „Katechumenat und Sakrament", 35–38.

[163] Ebd., 36.

[164] Ebd., 36.

[165] Zerfaß, „Was sind letztlich unsere Ziele?", 56f.

[166] Zerfaß, „Die Herausforderung der Kirche", 5.

[167] Franziskus, „Evangelii gaudium", Nr. 25.

[168] Ebd., Nr. 33.

[169] Ebd., Nr. 261.

[170] Ratzinger, *Das neue Volk Gottes*, 325. Zuerst hat Ratzinger seine Ausführungen in der Zeitschrift *Hochland* 1958/1959 unter dem Titel „Die neuen Heiden und die Kirche" veröffentlicht, später in: *Das neue Volk Gottes – Entwürfe zur Ekklesiologie*.

[171] Ebd., 325.

[172] Kopp, „Katechumenat und Sakramentenspendung", 37.

[173] Ebd., 37.

[174] Orth, „Ein Gespräch mit Ministerpräsident Winfried Kretschmann", 21.

[175] Vergleichbares hat es schon zu Zeiten des heiligen Petrus Canisius (1521–1597), der als zweiter Apostel Deutschlands verehrt wird, gegeben. Er kritisierte die damaligen deutschen Bischöfe, weil sie im Zug der Verwirklichung der Reformen des Trienter Konzils nicht den Mut hatten, konkrete Verbindlichkeiten in der Praxis des Glaubens einzufordern. Erst als sich das im Lauf der Zeit änderte, konnte die deutsche Kirche neu Fuß fassen und aufblühen.

[176] Mallon, *Divine Renovation*, 35f.

[177] Vgl., ebd., 55.

[178] Lateinamerikanische Bischöfe, „Aparecida", Nr. 225.

[179] Vgl. Mallon, *Divine Renovation*, 182–191.

[180] In früheren Zeiten war in einer christlich geprägten Gesellschaft die Reihenfolge andersherum: Zuerst kam das Leben, dann der Glaube und schließlich die Gemeinschaft.

[181] Martenstein, „Über Klimaprotest", 8.

[182] Guitton, *Paul VI. secret*, 168.

Literaturverzeichnis

Beck, J., *Weltkrieg und Vorsehung. Ein Gespräch*, Köln-Mainz 1918.

Berger, K., *Jesus*, München 2004.

Bitschnau, O., *Das Leben der Heiligen Gottes*, Einsiedeln-Waldshut-Köln [34]1880.

Ders., *Gemeinsames Leben*, Gütersloh-München [29]2010, Taschenbuchausgabe von Bethge, E./Müller, G. M./Schönherr, A.

Ders., „Nachfolge", Gütersloh-München [6]2015, in der Reihe: Bethge, E./Feil, E./Gremmels, C./Huber, W./Pfeifer, H./Schönherr, A./Tödt, H. E./Tödt, I. (Hrsg.), *Dietrich Bonhoeffer – Werke*, Vierter Band.

Bouhler, P. (Hg.), *Der großdeutsche Freiheitskampf. Reden Adolf Hitlers vom 16. März 1941 bis 15. März 1942*, Bd. III, München 1942.

Bultmann, R., *Neues Testament und Mythologie. Das Problem der Entmythologisierung der neutestamentlichen Verkündigung*. Nachdruck der 1941 erschienenen Fassung (= Beiträge zur evangelischen Theologie. Theologische Abhandlungen 96), hg. v. E. Jüngel, München 1986.

Bundesverfassungsgericht, Verbot der geschäftsmäßigen Förderung der Selbsttötung verfassungswidrig, Pressemitteilung Nr. 12/2020 v. 26.2.2020, https://www.bundesverfassungsgericht.de/SharedDocs/Pressemitteilungen/DE/2020/bvg20-012.html.

Claudel, P., „Ma conversion" (1913), in: *Œuvres en prose*, Gallimard, Bibliothèque de la Pléiade, Paris 1965.

Dederichs, W., *Der Krieg im Lichte der Vorsehung*, Paderborn 1914.

Delbrêl, M., *Wir Nachbarn der Kommunisten. Diagnosen*, Einsiedeln 1975.

Delbrück, K., *Göttliche Vorsehung oder Zufall im gegenwärtigen Kriege?*, Halle 1915.

Deutsche Bischofskonferenz (DBK), *Katholischer Katechismus der Bistümer Deutschlands*, München 1956.

Dies., *Schreiben an alle, die von der Kirche mit der Glaubensverkündigung beauftragt sind*, vom 22.9.1967 (= Hirtenschreiben und Erklärungen der deutschen Bischöfe, 1), Trier [3]1968.

Deutsches Bücherverzeichnis, Bd. 27 (1941–1950), Leipzig 1956.

Dass., Bd. 6, 2. Hälfte (1915–1920), Leipzig 1924.

DH = Denzinger, H. (Verf.)/Hünermann, P. (Hrsg.) unter Mitarbeit von Hoping, H., *Kompendium der Glaubensbekenntnisse und kirchlichen Lehrentscheidungen. Enchiridion symbolorum, definitionum et declarationum de rebus fidei et morum. Quod emendavit, auxit, in linguam germanicam transtulit et adiuvante Helmuto Hoping edidit Petrus Hünermann*, Freiburg-Basel-Rom-Wien, [37]1991.

Eßer, G., *Krieg und göttliche Vorsehung* (= Frankfurter Zeitgemäße Broschüren XXXIV), Hamm 1915.

Fischer, G., „Genesis 1–11", Freiburg-Basel-Wien 2018, in der Reihe: Berges, U./Dohmen, C./Schwienhorst-Schönberger, L. (Hrsg.), *Herders Theologischer Kommentar zum Alten Testament*.

Franziskus, „An das pilgernde Volk Gottes in Deutschland", Vatikanstadt 2019, in: Deutsche Bischofskonferenz (Hg.), *Verlautbarungen des Apostolischen Stuhls*, Nr. 220.

Ders., „Apostolisches Schreiben ‚Evangelii Gaudium' des Heiligen Vaters Papst Franziskus an die Bischöfe, an die Priester und Diakone, an die Personen des geweihten Lebens und an die christgläubigen Laien über die Verkündigung des Evangeliums in der Welt von heute", Vatikanstadt 2013, in: Deutsche Bischofskonferenz (Hg.), *Verlautbarungen des Apostolischen Stuhls*, Nr. 194.

Gatterer, M., *Gottes Vorsehung und der Krieg*, Kalksburg 1916.

Glöckner, R., *Biblischer Glaube ohne Wunder?* (= Sammlung Horizonte. Neue Folge 15), Einsiedeln 1979.

Grün, S., *Gespräche über die göttliche Vorsehung*, Aschaffenburg 1948.

Gspann, J. C., *Blutiger Weltkrieg und gütige Vorsehung*, Regensburg 1915.

Guardini, R., *Der Herr. Betrachtungen über die Person und das Leben Jesu Christi*, Ostfildern-Paderborn [17]2007 (unveränderter Nachdruck der 13. Auflage).

Guitton, J., *Paul VI. secret*, Paris 1979.

Harbsmeier, G., „Historisch-kritische Exegese und personale Existenz", in: Ascher, P. (Hg.), *Evangelium und Geschichte in einer rationalisierten Welt*. Dokumentation der Tagung des Deutschen Instituts für Bildung und Wissen in Trier vom 30. September bis 5. Oktober 1968, Trier 1969, 102–112.

Hartmann, F. v., *Die göttliche Vorsehung. Hirtenbrief*, Köln 1915.

Hattaway, P., *Heavenly Man. Die atemberaubende Geschichte von Bruder Yun*, Gießen [8]2011.

Heer, F., *Der Glaube des Adolf Hitler. Anatomie einer politischen Religiosität*, München-Esslingen 1968.

Herzog, R., *Rede von Bundespräsident Roman Herzog anlässlich der Festveranstaltung „150 Jahre Deutscher Katholikentag" in der Frankfurter Paulskirche* v. 11. Juni 1998, https://www.bundespraesident.de/Shared Docs/Reden/DE/Roman-Herzog/Reden/1998/06/19980611_ Rede.html.

Horbach, Philipp, *Gebet und Vorsehung in Kriegsnot oder: Wie verträgt sich der Glaube an die Erhörbarkeit des Gebetes mit dem Glauben an die göttliche Vorsehung?* (= Näher, mein Gott zu dir, 3), Hamburg 1914.

Huber, A., *Die göttliche Vorsehung* (= Die Kreuzesfahne im Völkerkrieg, 9), Freiburg [2]1915.

Jonas, H., „Is Faith still possible today? Memories of Rudolf Bultmann and Reflections on Philosophical Aspects of his Work", in: *HThR* 75 (1982), 1–23.

Jüngel, E., „Einleitung", in: Bultmann, R., *Neues Testament und Mythologie. Das Problem der Entmythologisierung der neutestamentlichen Verkündigung*, Nachdruck der 1941 erschienenen Fassung (= Beiträge zur evangelischen Theologie. Theologische Abhandlungen 96), hg. v. E. Jüngel, München 1986.

Kasper, W., „Herr, zu wem sollen wir gehen?" – zu dem, der sich für uns hingibt. Katechese beim Eucharistischen Kongress in Köln vom 7. Juni 2013, http://www.kardinal-kasper-stiftung.de/de/aktuel les/news/aktuelles-beitraege/katechese-von-walter-kardinal- kasper-eucharistischer-kongress-5-9-juni-2013/.

Kocher, R., *Herausgeforderter Vorsehungsglaube. Die Lehre von der Vorsehung Gottes im Horizont der gegenwärtigen Theologie*, St. Ottilien [2]1999.

Kopp, T., „Katechumenat und Sakrament – nicht aber Sakramenten-spendung an Ungläubige", in: *Anzeiger für die Seelsorge* 97 (1988), 35–38.

Lais, H., „Das Wunder im Spannungsfeld der theologischen und profanen Wissenschaft", in: *MThZ* 12 (1961), 294–300.

Lateinamerikanische Bischöfe, „Aparecida 2007 – Schlussdokument der 5. Generalversammlung des Episkopats von Lateinamerika und der Karibik", in: Deutsche Bischofskonferenz (Hg.), *Stimmen der Weltkirche*, Nr. 41.

Linnemann, E., *Wissenschaft oder Meinung? Anfragen und Alternativen* (= Tagesfragen 29), Stuttgart 1986.

Lobkowicz, N., „Stellungnahme zu Pesch, ,Das ,leere Grab'", in: *IKaZ* 11 (1982), 408.

Loduchowski, H., *Auferstehung – Mythos oder Vollendung des Lebens?* (= Der Christ in der Welt V/13), Aschaffenburg 1970.

Lohfink, G., *Die vierzig Gleichnisse Jesu*, Freiburg-Basel-Wien [6]2020.

Ders.., *Die wichtigsten Worte Jesu*, Freiburg-Basel-Wien 2022.

Ders., *Gegen die Verharmlosung Jesu. Reden über Jesus und die Kirche*, Freiburg-Basel-Wien 2013 (Sonderausgabe 2019).

Ders., *Jesus von Nazareth – Was er wollte, wer er war*, Freiburg-Basel-Wien 2011.

Ders., *Wem gilt die Bergpredigt? Beiträge zu einer christlichen Ethik*, Freiburg-Basel-Wien 1988.

Ders./Weimer, L., *Maria – nicht ohne Israel. Eine neue Sicht der Lehre von der Unbefleckten Empfängnis*, Freiburg-Basel-Wien 2008.

Lubac, H. de, *Über Gott hinaus. Tragödie des atheistischen Humanismus*, Einsiedeln 1982.

Martenstein, H., „Über Klimaprotest beim Katholikentag und die Frage, ob man Gott dort einladen würde", in: *ZEIT-Magazin*, 9. Juni 2022, 8.

Mallon, J., *Divine Renovation. Wenn Gott sein Haus saniert. Von einer bewahrenden zu einer missionarischen Kirchengemeinde*, Grünkraut 2017.

Mödl, L., *Katholisch – aus Überzeugung*, Illertissen 2021.

Mühlen, H. (Hrsg.), *Erfahrungen mit dem Heiligen Geist. Zeugnisse und Berichte*, in der Reihe: Topos-Taschenbücher, Bd. 90, Mainz 1979.

Neufeld, K. H., „Theologie durch Kritik. Zum Tod Rudolf Bult-manns", in: *StdZ* 194 (1976), 773–784.

Orth, S., „Ein Gespräch mit Ministerpräsident Winfried Kretsch-mann. ,Wir sind kein laizistischer Staat'", in: *Herder-Korrespondenz* 11/2021, 17–21.

Österreichische Bischofskonferenz, „Pastoralschreiben der österrei-chischen Bischöfe an die hochwürdigen Mitbrüder in der Seelsor-ge vom 16. Jänner 1967", in: Institut für kirchliche Zeitgeschichte Salzburg (Hg.), *Hirtenbriefe 1967 aus Deutschland, Österreich und der Schweiz*, Wien-Freiburg-Basel 1968.

Pesch, O. H., *Theologische Überlegungen zur „Vorsehung Gottes" im Blick auf gegenwärtige natur- und humanwissenschaftliche Erkenntnisse*, in: CGG 4, Freiburg u .a. 1982, 48f., 74–119.

Pihan, B., *Kreuzeslob*, Regensburg [4]1997.

Pressel, W., *Die Kriegspredigt 1914–1918 in der evangelischen Kirche Deutschlands* (= Arbeiten zur Pastoraltheologie 5), Göttingen 1967.

Ranft, J., *Der Vorsehungsbegriff in seiner Bedeutung für die katholische Dogmatik* (= Schriftenreihe des Klerusblattes 3), Eichstätt 1928.

Ratzinger, J., *Das neue Volk Gottes. Entwürfe zur Ekklesiologie*, Düssel-dorf 1969.

Ders., *Dogma und Verkündigung*, München [3]1977.

Ders., *Eschatologie – Tod und ewiges Leben*, Regensburg, Neuauflage 2019.

Ders. (Benedikt XVI.), *Jesus von Nazareth. Erster Teil. Von der Taufe im Jordan bis zur Verklärung*, Freiburg-Basel-Wien 2007.

Ders., „Schöpfungsglaube und Evolutionstheorie", in: Schultz, H. J. (Hg.), *Wer ist das eigentlich – Gott?*, München-Frankfurt [2]1975, 232–245.

Reiser, M., *Der unbequeme Jesus*, Neukirchen-Vluyn [3]2013.

Rosenberg, A., *Der Mythus des 20. Jahrhunderts*, München 1939.

Röser, J.: „Kulturmanipulation", in: *Christ in der Gegenwart* 3/2022, 3, https://www.herder.de/cig/cig-ausgaben/archiv/2022/3-2022/kulturmanipulation.

Scheffczyk, L., *Auferstehung. Prinzip des christlichen Glaubens* (= Samm-lung Horizonte. Neue Folge 9), Einsiedeln 1976.

Ders., *Einführung in die Schöpfungslehre*, Darmstadt [3]1987.

Ders., *Schöpfung und Vorsehung*, Freiburg 1963.

Ders., „Wunder und Heiligsprechung", in: *Münchener Theologische Zeitschrift* 4 (1981), 292–303.

Schlier, H., „Kurze Rechenschaft", in: Hardt, K. (Hg.), *Bekenntnis zur katholischen Kirche*, Würzburg [2]1955, 167–193.

Schreiber, C., *Der Krieg und die Vorsehung Gottes. Feldpostbrief an unsere Soldaten und die Daheimgebliebenen*, Fulda 1915.

Schweitzer, A., *Geschichte der Leben-Jesu-Forschung*, Bd. 1, Tübingen [3]1977.

Spinoza, B. de, *Theologisch-politischer Traktat*. Auf der Grundlage der Übersetzung von C. Gebhardt, hg. v. G. Gawlick (= Philosophische Bibliothek 93), Hamburg 1976.

Staudinger, H./Schlüter, J., *An Wunder glauben? Gottes Allmacht und moderne Welterfahrung*, Freiburg u. a. 1986.

Stakemeier, E., *Über Schicksal und Vorsehung*, Luzern 1949.

Strauß, D. F., „Das Leben Jesu für das deutsche Volk bearbeitet", Bd. I, in: *Gesammelte Schriften von D. F. Strauß III* (Eingeleitet und mit erklärenden Nachweisungen versehen von E. Zeller), Bonn [4]1877.

Ders., *Das Leben Jesu, kritisch bearbeitet*, Bd. I, Tübingen [3]1838.

Ders., *Die christliche Glaubenslehre in ihrer geschichtlichen Entwicklung und im Kampfe mit der modernen Wissenschaft*, Bd. II (Nachdruck der Ausgabe von 1841), Darmstadt 1973.

Tucholsky, Kurt: „Braut- und Sport-Unterricht", in: *Die Weltbühne*, 15 (8. April 1930), 540.

Turner, H. A. (Hrsg.), *Hitler aus nächster Nähe. Aufzeichnungen eines Vertrauten 1929–1932*, Frankfurt/Main, Berlin, Wien 1978.

Waldstein, M., „Die Fundamente der Theologie Rudolf Bultmanns", Teil I in: *IKaZ* 17 (1988), 451–467; Teil II in: *IKaZ* 17 (1988), 550–557.

Wenisch, B., *Geschichten oder Geschichte? Theologie des Wunders*, Salzburg 1981.

White, M./Corcoran, T., *Rebuilt. Die Geschichte einer katholischen Pfarre. Gläubige aufrütteln. Verlorene erreichen. Kirche eine Bedeutung geben*, Graz 2016.

Wiechert, E., „Das einfache Leben", in: *Sämtliche Werke 4*, Wien u. a. 1957, 357–726.

Wischmann, A., *Führung und Fügung: Erinnerungen aus meinem Leben*, Hannover 1987.

Zerfaß, R., „Was sind letztlich unsere Ziele? Pastoralpsychologische Thesen zur Motivationskrise in der Pastoral der Kirchenfremden", in: Katholische Glaubensinformation Frankfurt (Hrsg.), *Erfahrungen mit Randchristen – Neue Horizonte für die Seelsorge*, Freiburg 1985.

Ders., „Die Herausforderung der Kirche durch die Industriegesellschaft", in: *Trierer Forum*, Bischöfliches Generalvikariat Trier, 3, 1978.

Fulton J. Sheen

Unerschütterlich im Glauben

Die Autobiografie von
Erzbischof Fulton J. Sheen

Vorwort von
Raymond Arroyo

Geb., 416 Seiten
mit 58 Schwarz-Weiß-Fotos,
13,5 x 20,5 cm
ISBN 978-3-9479311-9-4

Fulton J. Sheen war eine der einflussreichsten und bekanntesten katholischen Persönlichkeiten in den USA. Sheen entdeckte die Medien für die Glaubensverkündung, zunächst das Radio und später das Fernsehen. Er erreichte wöchentlich 30 Millionen Zuschauer mit seiner Mut machenden Botschaft von Glaube, Hoffnung und Liebe. So gelang es ihm, nicht nur die einfachen, sondern auch die gebildeten Menschen anzusprechen.

In seiner Biografie beschreibt Fulton J. Sheen seine Kindheit, seine Jahr im Seminar, seine akademische Laufbahn, den pastoralen Einsatz, seine Ernennung zum Bischof und Erzbischof, seine vielen Reisen und seinen Weg zum Medienstar.